prometeo
libros

prometeo
libros

MANUAL DE HISTORIA SOCIAL ARGENTINA
TOMO 1 (1852-1976)

Mariela Ceva, Aníbal Jáuregui y Julio Stortini
(editores)

MANUAL DE HISTORIA SOCIAL ARGENTINA
TOMO 1 (1852-1976)

prometeo libros

Índice

Presentación 9

Capítulo I:
1850-1880: la transición a la Argentina moderna
Marisa Massone 11

Capítulo II
1880-1916: la modernidad agroexportadora
y el impacto inmigratorio
Julio Stortini 39

Capítulo III
1916-1930: democracia, conflicto y movilidad social
Aníbal Jáuregui 67

Capítulo IV
1930-1945: crisis mundial, industria y migraciones internas
Mariela Ceva 89

Capítulo V
1943-1955: la Argentina peronista
José Zanca 109

Capítulo VI
1955-1976: sueños, pasiones y fracasos de una sociedad en crisis
José Zanca 129

Bibliografía general 153

Presentación

El presente *Manual de historia social argentina* intenta cubrir una necesidad presente en una asignatura del mismo nombre destinada a alumnos ingresantes a la licenciatura de Trabajo Social. Asimismo por la organización y estructura que el libro presenta puede ser de utilidad a estudiantes de otras carreras y a interesados en general de nuestra historia social argentina.

A través de estas páginas se busca abordar el pasado argentino a partir de entender la historia social más que como campo específico como síntesis de los procesos políticos, sociales, económicos y culturales ocurridos en nuestro país a partir de mediados del siglo XIX hasta 1976. En ese recorrido se hace hincapié en la observación y reflexión acerca de procesos que generaron cambios estructurales en la vida social de la Argentina.

El manual ha sido organizado a través de seis capítulos. El primer capítulo se refiere al período 1850-1880 destacando los viejos y nuevos actores de esa sociedad en transición, fundamentalmente los cambios producidos en los sectores populares urbanos y en la población rural. Un apartado especial se focaliza en la organización nacional y en las transformaciones económicas del período.

En el segundo capítulo se analiza la etapa de integración al mundo, 1880-1916. Los ejes para ello son: la expansión y límites del crecimiento económico, el impacto de la inmigración masiva sobre la sociedad y la economía argentina, las reacciones frente a la presencia del extranjero, las formas de organización del movimiento sindical y el fortalecimiento del Estado nacional.

El tercer capítulo se centra en un país que se vuelve progresivamente sobre sí mismo entre los años 1916-1930. Sintetizado con el título de democracia, movilidad social y protesta este apartado profundiza en la experiencia de los gobiernos radicales. Asimismo analiza las repercusiones de la Primera Guerra Mundial sobre la economía y la sociedad argentina.

En el cuarto capítulo se avanza sobre los años treinta, sobre las consecuencias de un crecimiento desequilibrado, el papel de las migraciones internas y también sobre la "democracia fraudulenta".

El quinto capítulo trata sobre la argentina peronista, sobre las nuevas relaciones entre el Estado y la sociedad, el rol de la política social y del movimiento obrero como también sobre las tensiones de un desarrollo inconcluso.

Por último, el capítulo sexto es una apretada síntesis del período 1955-1976 y se concentra en los proyectos del desarrollismo, en el problema de la legitimidad del sistema político y en las transformaciones sociales surcadas por los movimientos de los años sesenta y la nueva izquierda.

En síntesis, y como puede percibirse de esta breve presentación, el manual transita brevemente los ejes nodales de la historia argentina, es decir, la organización del Estado y su papel en la construcción de la sociedad, el rol de la economía agroexportadora y de la industrialización argentina, la conflictividad social, la relevancia para la historia de nuestro país de los gobiernos radicales y peronistas, la participación política de las fuerzas armadas y finalmente el autoritarismo y la violencia política.

CAPÍTULO I

1850-1880: la transición a la Argentina moderna

Marisa Massone [*]
(UNLU)

De Caseros a Pavón

A mediados del siglo XIX, el territorio argentino era un espacio escasamente poblado, en el cual catorce provincias ejercían las funciones estatales sin contar con autoridad legal superior alguna. Supuestamente iguales, todas ellas estaban sometidas de hecho a la autoridad real del poderoso gobernador de la muy rica Provincia de Buenos Aires, don Juan Manuel de Rosas. Sin embargo, en aquel tiempo el poder de Rosas comenzaba a declinar, tanto por las resistencias opuestas por los mismos porteños como por los deseos de los provincianos, especialmente del Litoral, de sacudirse lo que se sentía como el yugo porteño. Un grupo de escritores y ensayistas notables, conocidos como la Generación de 1837 entre quienes figuraban Domingo F. Sarmiento, Juan B. Alberdi, Esteban Echeverría y Juan M. Gutiérrez, levantaban un programa de reformas que llevaría a la incorporación del país a la comunidad de naciones "civilizadas" de la tierra. Ese programa se componía de:
- El poblamiento por medio de una masiva convocatoria a la inmigración europea.
- La difusión de modernos medios de transporte (ferrocarriles, canales, puertos, caminos), para articular el mercado nacional y conectar al país con el mundo.
- El desarrollo de las actividades económicas, agricultura, ganadería e industria, mediante la incorporación de tecnologías adecuadas.

---

[*] Con la colaboración de Aníbal Jáuregui.

- La organización política y jurídica nacional que creara autoridades nacionales legítimas y consiguiera el sometimiento de la población a las leyes.
- La resolución del "problema del indio" mediante la ocupación del "desierto", lo cual incrementaría la oferta de tierras con fines productivos.

Aunque cronológicamente la consigna de "Orden y Progreso" se encuentra más identificada con la denominada Generación del '80, ambas ideas ya sintetizaban los deseos y proyectos de la elite económica, política y social que condujo a la Argentina desde la segunda mitad del siglo XIX. El "orden", medio para alcanzar el "progreso" era la garantía para la atracción de capitales e inmigrantes que permitiera la inserción de la Argentina en el mercado capitalista internacional como productor de bienes primarios exportables e importador de bienes industrializados.

A pesar de los acuerdos básicos mencionados, subsistían en las postrimerías del rosismo desacuerdos fundamentales centrados en la relación nación-provincia: ¿cómo se organizaría políticamente el país?, ¿cuál sería su centro político, su capital?, ¿qué participación institucional tendrían las provincias del Interior y del Litoral?, ¿cómo se incorporarían los territorios en poder del indio?

Mientras Rosas mantuvo sujetas las riendas de las antiguas Provincias Unidas, estas pujas quedaban ocultas tras la figura del todopoderoso gobernador porteño, quien mantenía estos problemas congelados. Pero en febrero de 1852, cuando el ejército del gobernador entrerriano Justo J. de Urquiza derrotó al ejército de Buenos Aires en la batalla de Caseros, se abría el camino hacia la institucionalización, que aparecía amenazado por el peligro de la desintegración.

Urquiza convocó a sus pares de las demás provincias a la ciudad de San Nicolás para discutir la creación de las bases jurídicas de la futura organización constitucional. Su liderazgo permitió llegar a puntos de entendimiento que se concretaron en la firma del denominado Acuerdo de San Nicolás, que generaba un gobierno nacional interino y convocaba a un Congreso Constituyente en Santa Fe. Pero los porteños se rebelaron contra Urquiza y rechazaron el Acuerdo particularmente a raíz de la nacionalización de la aduana porteña y la representación igualitaria para el futuro Congreso General Constituyente en el que cada provincia tendría dos diputados con independencia de la cantidad de población. Para Buenos Aires, aceptar estas condiciones hubiese significado una situación de clara inferioridad y, en consecuencia, de pérdida de la hegemonía que había disfrutado desde la Revolución de Mayo.

La prosecución del proceso constituyente con la reunión del Congreso en Santa Fe en 1852 y con la promulgación de la Carta Magna de 1853 sancionó la fractura entre el Estado de Buenos Aires, que amenazaba con extender sus fronteras para constituirse en un Estado nacional autónomo, y la Confederación Argentina, que reunía a las trece provincias restantes. Desde ese momento y hasta la batalla de Pavón en 1861, Buenos Aires y la Confederación actuaron como estados independientes y en pugna.

La Confederación padeció durante esos casi nueve años de existencia, constantes problemas presupuestarios debido no sólo a la pérdida de la principal fuente de ingresos estatales, la aduana de Buenos Aires, que recaudaba el 90% de esos ingresos, sino también al hecho de que la erección de una autoridad nacional como la que se pretendía requería de una masa de recursos que las provincias que le pertenecían estaban lejos de disponer.

Esta fragilidad básica pudo comprobarse fehacientemente cuando Urquiza fue electo definitivamente presidente de la Confederación. A diferencia del Estado de Buenos Aires que colocaba sus rentas aduaneras como garantía, la Confederación no contó con empréstitos ya que sus garantías eran insuficientes para los acreedores. Los problemas financieros se agravaron progresivamente con los gastos ocasionados por el enfrentamiento armado entre el Estado confederal y el de Buenos Aires. Tampoco pudieron superarse con el establecimiento de la *ley de derechos diferenciales* que, con el fin de doblegar a Buenos Aires, otorgaba ventajas aduaneras para las mercaderías importadas o exportadas solamente por los puertos del río Paraná como Rosario. Estas dificultades explican el hecho de que la Confederación hiciera variados intentos de acercarse a Buenos Aires con el fin de establecer una convivencia pacífica y resolver sus problemas financieros.

Mientras tanto, la provincia de Buenos Aires gozaba de una sólida posición financiera, por el control de la recaudación aduanera y económica, a raíz de la expansión de las actividades productivas de exportación. Estas obvias ventajas respecto de sus vecinos le otorgaban una relativa estabilidad política. Con todo, los porteños se apasionaban por la lucha política que dividía a los "pandilleros", partidarios de la secesión y a los "chupandinos", que deseaban el reingreso a la comunidad de provincias argentinas.

La guerra entre la Confederación y Buenos Aires, que había transcurrido entre 1852 y 1854 se reencendió en 1859 cuando las tropas de ambos estados se enfrentaron nuevamente en la batalla de Cepeda, quedando la victoria para la aguerrida caballería entrerriana y correntina. La paz firmada en San José de Flores con mediación paraguaya, llevó a un acuerdo que permitió la Reforma Constitucional de 1860 que acordaba el ingreso de Buenos Aires en la Confederación a cambio de una nacionalización de las aduanas.

Sin embargo, este triunfo político de los hombres del Interior no resultaría lo suficientemente sólido. La Confederación pasó a ser presidida por Santiago Derqui luego de que Urquiza concluyera su período en 1860. Los aprietos del Estado confederal se hacían más evidentes por los recelos entre el nuevo mandatario y el jefe entrerriano quien retuvo el comando en jefe del Ejército. Renacidas las hostilidades con Buenos Aires, nuevamente los ejércitos se prepararon para la guerra, encontrándose frente a frente en Pavón en 1861. La batalla entre las tropas bonaerenses encabezadas por el gobernador Bartolomé Mitre y las de la Confederación bajo el mando de Urquiza terminaron sorpresivamente con el triunfo porteño cuando Urquiza se retiró del campo en el momento que la batalla aún estaba indecisa.

Como resultado de este enfrentamiento, las autoridades de la Confederación cesaron y las provincias que la integraban delegaron la autoridad nacional en Mitre. De esta forma, el eje de gravedad político se trasladaba definitivamente a Buenos Aires y se iniciaba la organización de un institución estatal verdaderamente nacional bajo las presidencias de Bartolomé Mitre, Domingo F. Sarmiento y Nicolás Avellaneda.

La marcha hacia la organización de un Estado nacional

La consolidación de un Estado unificado presuponía la imposición de la soberanía sobre el territorio nacional. Para alcanzar este objetivo, fue necesario apuntalar un conjunto de acciones desarrolladas progresivamente a lo largo de los treinta años que separan 1850 de 1880. El fortalecimiento de un ejército regular nacional iniciado por B. Mitre junto a la profesionalización y la modernización del Ejército producida durante la presidencia de D. F. Sarmiento permitieron disolver las fuerzas provinciales o regionales como las que se levantaron contra el Estado nacional al mando de los jefes federales

"Chacho" Peñaloza en 1863, Felipe Varela en 1867 o Ricardo López Jordán entre 1870 y 1876.

Al mismo tiempo, resultaba imperioso definir las fronteras del Estado-nación y ocupar los territorios pretendidos. La Guerra de la Triple Alianza, entre 1865 y 1870, y la ocupación de los territorios patagónicos en poder de los indígenas por parte del Ejército Nacional dirigido por Julio A. Roca entre 1878 y 1880 buscaron este propósito.

Además, era necesaria la construcción de un orden legal que prestara unidad y continuidad jurídica en el espacio y en el tiempo dentro de una estructura federal. Si bien la Constitución Nacional sancionada en 1853 establecía los principios y las instituciones que fundaban la comunidad política, el Estado debía crear un aparato legal y jurídico para organizar su funcionamiento. Durante la presidencia de Mitre se restauró la Corte Suprema de Justicia, se organizaron los tribunales nacionales, se admitió el uso del Código de Comercio de la Provincia de Buenos Aires para la Nación y se redactaron los Códigos Civil y Penal.

Conscientes de que la creación de un Estado-nación implicaba un proceso de nacionalización, los gobernantes promovieron algunos mecanismos de integración cultural. Más allá de la composición indígena, africana e inmigrante europea de la población la escuela moderna impulsada por D. F. Sarmiento difundió el ideal de una "identidad nacional" única, una cultura pretendidamente homogénea que incluía una única tradición transmitida a través de la historia patria, una sola lengua nacional y en alguna medida una religión.

Habida cuenta de la caótica vida pública iniciada con la misma Revolución de 1810, el encauzamiento de la actividad política dentro de moldes controlables pasaba a ser un tema central para la formación de un poder político central

¿Cómo funcionaría el sistema político a partir de 1862? Si bien la Constitución Nacional sancionada en 1853 había proclamado la vigencia de un régimen republicano, prevalecía un régimen político oligárquico, basado en personalidades "notables" quienes controlaban los resortes del aparato estatal y ejercían el papel de clase política.

Por su riqueza, su educación y su prestigio, estos "notables" se consideraban los más aptos para ejercer la misión de gobernar, para lo cual desarrollaron prácticas concretas que les permitieron perpetuarse en el poder. Limitaron el derecho al sufragio a través del fraude, que estaba facilitado por la condición voluntaria del voto y la ausencia del secreto por su carácter verbal. El fraude se ejerció a través de un sinnúmero de formas: la manipulación del Registro Electoral; los comicios dobles, donde votaban muertos y ausentes; los votantes "golondrinas", que sufragaban varias veces en distintos lugares; las defraudaciones en el escrutinio, la compra de sufragios, el control violento de los escenarios del acto electoral como atrios de parroquias o portales de juzgados de paz, la redefinición interesada de las circunscripciones electorales provinciales o municipales, entre otros mecanismos. Estas prácticas políticas se complementaron con la ausencia de partidos políticos con organización permanente y programas de gobierno. Éstos funcionaron como agrupaciones nucleadas en torno de la figura de un caudillo cuya principal tarea era la preparación de las elecciones. La "masa partidaria" era protagonista sólo para confirmar las decisiones del grupo dirigente, movilizar al electorado o preparar a los grupos de "choque" que actuaban en la jornada de comicios.

Sin embargo, las formas de representación no se agotaron en el sistema electoral. Quienes no se sintieron involucrados en éste desarrollaron formas de participación generadas desde la sociedad civil, como la difusión de la prensa escrita, el surgimiento de actividades asociativas y el desarrollo de movilizaciones de protesta. Entre las actividades asociativas se encontraban las *naciones*, organizadas alrededor de los grupos étnicos de origen africano, y las asociaciones de inmigrantes. Con mayor impacto en las áreas más urbanizadas, ambas se iniciaron como sociedades de ayuda mutua para ampararse cuando sus miembros estaban enfermos, desempleados o inválidos. Luego, las asociaciones de inmigrantes extendieron su acción a la creación de hospitales, escuelas o periódicos.

La consolidación de un orden capitalista

Dominantes a escala mundial, las relaciones de mercado capitalista se expandieron —con mayor o menor intensidad— en todas las regiones del nuevo país a través de la explotación de los recursos naturales. En Buenos Aires, a la producción y exportación de cuero, sebo y carne salada de vacunos, se sumó la de la lana ovina. Favorecida por la construcción de los ferrocarriles del Oeste y del Sud, el desarrollo de la industria textil en Francia y la crisis del algodón luego de la Guerra de Secesión en Estados Unidos, la lana fue el principal producto de exportación del período. Por esa razón el período fue denominado el "ciclo del ovino".

Mientras Buenos Aires seguía vinculada con la producción ganadera, el Litoral se orientó hacia la agricultura. Desde la época colonial la agricultura se había visto limitada a la producción en pequeñas parcelas para el consumo interno, pero en las décadas de 1850 y 1860 la producción cerealera se activó en las chacras santafesinas de propiedad inmigrante, resultado del traspaso de tierras públicas a manos privadas. El gobierno de la Confederación promovió la instalación de colonias agrícolas, formadas por inmigrantes, en las provincias de Santa Fe, Entre Ríos y Corrientes, firmando contratos con empresarios privados, otorgando tierras a bajo precio o en forma gratuita y mejorando las comunicaciones. En 1870 la inauguración del Ferrocarril Central Argentino permitió la unión del puerto de Rosario con Córdoba. En ese mismo momento, en la zona bonaerense la ganadería fue complementándose con una producción agrícola extensiva.

Las provincias del Interior mediterráneo, que no tenían las características geográficas y económicas para exportar a los mercados europeos, sufrían las consecuencias de la entrada de productos elaborados importados que competían en el mercado interno con las producciones tradicionales. Para subsistir, mantuvieron los mismos circuitos comerciales que integraban en la época colonial. Tanto las provincias del Noroeste como las de Cuyo sostuvieron relaciones de intercambio con los mercados boliviano y chileno respectivamente. Una evidencia en este sentido fue la circulación de plata boliviana como medio de pago en el actual noroeste argentino hasta 1880. Además, los puertos del Pacífico como Valparaíso o Cobija competían con el de Buenos Aires por el aprovisionamiento de mercancías importadas. Sólo la llegada del ferrocarril a estas zonas impulsó la profunda transformación productiva de las agroindustrias azucarera y vitivinícolas de fines de siglo XIX.

La actividad manufacturera del período estuvo orientada a satisfacer la demanda de bienes de consumo de un mercado interno en aumento, principalmente en Buenos Aires. De carácter heterogéneo, combinaba la producción en pequeños talleres artesanales con la de una reducida cantidad de fábricas medianas como cervecerías, molinos y curtiembres. Las posibilidades de intensificar el perfil industrial de la economía argentina se limitaban a los tiempos de crisis como en 1866 o 1873-76. Es notable en ese sentido la propuesta de creación de una fábrica nacional de tejidos presentada por varios diputados del Congreso Nacional, como Miguel Cané, Vicente López y Carlos Pellegrini, como respuesta a la baja abrupta del precio de la lana en la década de 1860.

La inmigración masiva

Hay una característica que distingue a la Argentina de la mayoría de los países del subcontinente, con excepción de Uruguay y parte de Brasil: la llegada masiva de inmigrantes europeos. Arribaron a la Argentina gran cantidad de inmigrantes italianos, españoles y en menor medida, británicos, rusos, judíos, franceses, polacos, alemanes, suizos, entre otros. Su arribo masivo alteró la composición de la población del país aunque no todos decidieron radicarse.

Los índices de radicación fueron fluctuantes. fueron altos entre 1840 y 1863, producto de la expansión ovinar, por las posibilidades de instalar un pequeño taller artesanal o de convertirse en propietarios de tierras en las colonias agrícolas. Posteriormente y hasta 1880, las escasas oportunidades de acceso a la propiedad de la tierra, el impacto de la gran epidemia de fiebre amarilla de 1871 y la crisis económica de 1874 provocaron su disminución.

Los inmigrantes, en su mayoría varones en edad activa, constituyeron una importante oferta de mano de obra para el todavía pequeño mercado de trabajo local. Su llegada a la Argentina se explica a partir de la combinación de situaciones nacionales, locales, familiares y personales. La crisis de las zonas rurales europeas sumada al aumento vegetativo de la población expulsó grandes cantidad de campesinos y minifundistas que se vieron forzados a migrar. Al mismo tiempo, a partir de 1850 en la Argentina la expansión agropecuaria creó posibilidades laborales tanto en el campo como en la ciudad. Asimismo, la escasez de mano de obra produjo un aumento de salarios que, aunque con alteraciones estacionales, convertía a la Argentina en un país atractivo para competir con la inmigración masiva de países como Estados Unidos o Canadá. A esta situación, se sumó la política inmigratoria desarrollada por el Estado argentino. Inicialmente impulsada por el gobierno de la Confederación, prosiguió luego con la puesta en marcha de la Ley de Inmigración y Colonización del gobierno de Avellaneda, en virtud de la cual el Estado otorgaba pasajes subsidiados, alojamiento en el Hotel de Inmigrantes a los recién llegados, colocación laboral y pasajes gratis para trasladarse al interior del país. La Argentina también ofrecía a los inmigrantes el respeto por los derechos civiles, vigentes en la Constitución de 1853.

Especialmente hasta 1880 y a costa de sacrificios, muchos inmigrantes tuvieron la posibilidad de ascender socialmente. Ello quedó reflejado en la adquisición de una vivienda familiar, en la compra de tierras, en el establecimiento de una tienda o taller, o en la provisión de la educación a sus hijos; se estaban sentando las bases de lo que serían las clases medias.

Economía y sociedad en el mundo rural

Cuando los viajeros, como William Mc Gann, atravesaban los campos argentinos a mediados del siglo XIX, dejaban asentado en sus relatos su sorpresa por el predominio de la extensión deshabitada o poco poblada. En verdad, el mundo rural se caracterizaba todavía entonces por la enorme disponibilidad de tierras y la escasez de la población.

Esta situación determinaba el predominio de las formas extensivas de producción de la cual la mejor expresión había sido la ganadería vacuna. La gran estancia era todavía la forma concreta más generalizada que asumía la empresa rural. Pero desde la década del 40, el vacuno comenzó a ceder terreno a las ovejas gracias a la demanda creciente de las industrias textiles belgas y francesas. El cuidado de los rebaños estaba a cargo de inmigrantes, mayoritariamente irlandeses o vascos, que bajo la forma de la mediería se quedaban tan sólo con la mitad de lo producido.

Sin embargo en estas décadas se produjo en incremento notable de la población rural de la zona pampeana, tanto como consecuencia de los fenómenos migratorios externos pero también internos, como por el crecimiento demográfico natural. El impresionante cambio que sufrió esa región en este período estaba en conexión directa a su vínculo más directo con el mercado mundial, sostén principal del proceso de desarrollo económico y social.

Esta situación dinámica hizo que el predominio de la estancia, forma tradicional de la región, y la ganadería no fuera absoluto. Ella misma iba a entrar en un proceso de modificaciones mientras que la pequeña propiedad también se sumaría al paisaje rural. Ella se enseñoreaba en los alrededores de las ciudades bajo la forma de quintas y de chacras, destinadas a la agricultura para los mercados urbanos.

Los estancieros por su parte entregaban parte de sus tierras a la agricultura. En la provincia de Buenos Aires, el *modus operandi* de la ocupación territorial tuvo caracteres particulares en torno de la división de la estancia para el arriendo. De esta forma se conformó una numerosa clases de chacareros quienes alquilaban su parcela por 4 o 5 años, lo cual si la suerte ayudaba le permitiría comprar alguna propiedad. En muchos casos el arrendatario sufría una pérdida significativa al finalizar el contrato ya que no se le reconocían las inversiones realizadas en movimientos de tierras, zanjas, alambrados, edificios, que quedaban en el lugar que se abandonaba. Además del arrendamiento otras formas contribuían a poner la tierra en producción cuya denominación genérica era la aparcería. El aparcero debía entregar una proporción muy importante del producto de su trabajo, normalmente entre la mitad y la tercera parte (lo que se denominaba mediería y tercería).

Si al arrendatario o aparcero le iba mal caía en el asalariamiento, que suponía peores condiciones. Los jornaleros agrícolas participaban de las tareas que exigían refuerzos de mano de obra como la cosecha o la siembra y que recibían una paga que sólo les permitía la supervivencia.

Como se ha visto, las ingentes necesidades de mano de obra estimularon las iniciativas a favor de la inmigración de la Confederación Argentina, las cuales crearon colonias como San José en Entre Ríos o Esperanza en Santa Fe, que serían modelos para tentativas posteriores[1]. Las colonias podían ser fruto de la iniciativa estatal o privada pero el resultado conllevaba a la "puesta en valor" de las tierras y al asentamiento del colono como propietario. Muchos grandes propietarios que cedían sus tierras para colonización se veían beneficiados por la valorización de sus propiedades.

En aquellos años en los que el transporte se realizaba en condiciones de extremada precariedad tecnológica, requería de una amplia gama de especialidades tales como los reseros, arrieros o carreros, quienes surcaban la pampa en largas travesías.

---

[1] La colonia se asentaba en lugares lejanos de los centros urbanos, poco poblados, fronterizos y con escasa actividad productiva. El colono recibía la tierra en forma precaria y obtenía normalmente algunas facilidades para la adquisición de herramientas y semillas. Después de un período de cinco años, aunque variaba según el contrato, podía recibir la tierra en propiedad.

Hubo, con todo, un personaje típico de otras latitudes que no pudo percibirse en la pampa aunque sí en otras regiones del país, especialmente en el noroeste: el campesinado apegado a la tierra por generaciones de pequeños productores, normalmente vinculados con el autoconsumo y con la venta en los mercados locales.

Al sur y al norte de las franjas ocupadas con la población estable, en los inmensos límites con la Patagonia, como en las tierras en contacto con el chaco norteño, se asentaba la extensa zona de frontera en la que coexistían y pugnaban criollos con indígenas. La presencia del fortín que fue el origen de muchas ciudades actuales, representaba el asiento de la autoridad estatal en aquellos lejanos parajes. La experiencia representada por Martín Fierro con sus licencias poéticas muestra que ese ámbito distaba de ser un paraje de vida idílica. A esto se le sumaba que la población rural debía soportar como nuestro personaje la arbitrariedad de los jueces de paz, una autoridad de atribuciones imprecisas y variables.

A pesar de algunas imágenes difundidas con posterioridad, las relaciones con los indígenas no eran tan sólo bélicas. Esto lo muestra Mansilla en su descripción del universo ranquel[2]. Sin embargo, el país de entonces se planteó la resolución del problema del "indio" mediante su virtual eliminación. A esto contribuyó indudablemente la oleada de malones indígenas que azotaron la frontera sur en la década de 1860, llegando a amenazar ciudades o pueblos aparentemente seguros y distantes. En los años '70 se encaró más decididamente el problema del indígena. Primero en forma defensiva, a través de la construcción de una zanja, la famosa zanja Alsina, que constituiría un vallado para frenar al malón. Luego se adoptó un estrategia ofensiva iniciándose en 1879 la llamada "conquista del desierto", una operación del Ejército nacional bajo el mando del general Julio Argentino Roca, que provocaría una gran mortandad entre los aborígenes, así como prisiones y traslados masivos.

El acrecentamiento de la disposición de tierras por parte del Estado nacional profundizó la imagen de la pampa como un vergel inagotable de tierras fértiles en las que cualquier ser humano podría obtener su parcela, para labrarse un futuro para él y sus hijos. La pampa no era sólo un punto de la

---

[2] L. Mansilla, *Una excursión a los indios ranqueles*, Buenos Aires, CEAL, 1980.

geografía sino un verdadero edén mítico, que resultaría útil para expandir las relaciones capitalistas de producción y para consolidar una identidad nacional en proceso de construcción[3].

Formas de vida de los sectores populares urbanos

Lo que hoy llamamos el pueblo o los sectores populares de la ciudad estaban constituidos en aquellos tiempos por pequeños comerciantes, propietarios de talleres artesanales, empleados públicos, algunos profesionales, integrantes de la economía informal, mendigos, ex esclavos o esclavas, aquellos que habían caído en la *mala vida* (en la delincuencia o en la prostitución). Eran nativos, inmigrantes de países limítrofes o europeos, y formaban parte del mundo de las ciudades en transición al capitalismo en la Argentina. Podríamos dar con ellos introduciéndonos en los mercados, los hospitales, las pulperías, los conventillos, las iglesias, el Asilo de Mendigos, las academias de baile o las milicias.

Conformaban una franja heterogénea de la población que, excluyendo a la elite, se extendía tanto hacia arriba como hacia abajo. Como en el caso de otros sujetos históricos, los sectores populares presentan una enorme fragmentación que permite observar grandes diferencias entre sí de profesión en cuanto trabajadores; pero también en cuanto a la riqueza, el prestigio o el poder, las tradiciones culturales, nacionales e ideológicas. Más allá de esa diversidad existían fuerzas que impulsaban a estos individuos a vivir las mismas condiciones laborales en una gran fábrica, o el hacinamiento en la vivienda, la común extranjería frente a una sociedad excluyente o xenófoba, la participación en acciones gremiales, el sufrimiento de la represión, una identificación política[4] o los ámbitos de sociabilidad que frecuentaban o el estatus jurídico del que gozaban.

Los sectores populares de esta época constituyen un objeto de estudio escurridizo, lejano y en muchas ocasiones inasible, en virtud de las deficiencias

---

[3] B. Zeberio, "El mundo rural en construcción" en M. Bonaudo, *Liberalismo, Estado y orden burgués*, Buenos Aires, Sudamericana, 2000, pp. 359-360.
[4] L. A. Romero y L. Gutiérrez, *Sectores populares, cultura y política*, Buenos Aires, Sudamericana, 1995.

de las fuentes de información. Es que con anterioridad a 1870 las fuentes que dan cuenta de su existencia son en muchos casos indirectas y escasas. Sólo durante el proceso de consolidación del Estado nacional, demógrafos y estadígrafos que habían sido formados en Europa y ocupaban cargos estatales desde 1850 o 1860 hicieron de la estadística un recurso de análisis social. Fue precisamente en el momento en que las epidemias azotaban las ciudades en impresionante crecimiento poblacional, se generaban los proyectos de educación popular y emergía la intranquilidad por la llamada "cuestión social", expresión que a fines del siglo XIX refería a las consecuencias sociales, laborales e ideológicas del crecimiento capitalista, la industrialización y la urbanización naciente, relativas a la pobreza, la criminalidad, la salubridad y la atención médica, la alimentación, la vivienda o la conflictividad obrera. A partir de entonces se multiplicaron tanto los censos nacionales como los provinciales y municipales; las memorias de la municipalidad, los informes ministeriales de mortalidad y las causas de esas muertes, la cantidad de inmigrantes que se radicaba o retornaba a sus países de origen y las características de las viviendas, entre otras cuestiones.

Esta irrupción de la estadística puso en manos de los historiadores una considerable cantidad de fuentes que permiten estudiar diferentes condiciones de la vida material de los sectores populares como el trabajo, la salud o la vivienda.

Valoradas como fuentes de historia social y abundantes a partir de la década de 1870, el uso de fuentes médicas (publicaciones periódicas oficiales y privadas, tesis universitarias, impresos destinados a la divulgación de normas higiénicas, escritos varios, estadística demográfica y sanitaria, entre otras) permite conocer variados aspectos de la vida urbana y de las condiciones de vida y de trabajo de los sectores populares.

a) La definición de los sectores populares urbanos

Tal como se señaló anteriormente, dentro del extenso mundo de los sectores populares no todos poseían la misma condición. En el caso de la ciudad de Buenos Aires, según el análisis del censo de 1855, excluyendo al estrato sociocupacional alto conformado por hacendados y ganaderos, el mundo de los sectores populares incluía un estrato sociocupacional medio y un estrato sociocupacional bajo. El primero agrupaba a agricultores, quinteros y tamberos, empleados en la defensa de la ciudad, comerciantes al por menor, muchas veces de origen inmigrante (italianos, africanos e irlandeses), también empleados de gobierno, profesionales menores, maestros, artesanos de talleres de hilandería, confección de vestuario, calzado, carpintería y pequeñas empresas de industria de la construcción, mecánica o artes gráficas. Estos trabajadores calificados en general gozaban de una estabilidad mayor en su trabajo. El segundo comprendía a los pescadores, trabajadores en tareas extractivas o trabajadores rurales en general, vendedores ambulantes y repartidores, transportistas por tierra y por agua y quienes subsistían a partir del servicio doméstico u otros servicios[5]. Vivían preferentemente en las zonas periféricas más pobres.

En general sus trabajos estaban más expuestos a las alteraciones del mercado y a la estacionalidad de las actividades productivas, lo que promovía una mayor inestabilidad laboral. Por esta razón, estos trabajadores tenían mayores posibilidades de perder el trabajo. En ese momento, migrar hacia la campaña para conseguir uno, podía convertirse en una opción para algunos. Para otros, la indigencia, la mendicidad, la vagancia o el robo resultaban los únicos destinos posibles, mientras que una cama en el hospital o en el Asilo de Mendigos se convertía en la última esperanza de enfermos/as, solos/as, viejos/as o desamparados/as. Diversas circunstancias de la vida cotidiana como la pérdida del trabajo o una enfermedad podían transformar a estos grupos en pobres, mendigos o vagos. Al mismo tiempo, en el marco de un mercado de trabajo en formación, la indigencia podía convertirse en una forma de acceso a los medios de subsistencia complementaria a distintos tipos de trabajos ocasionales tanto en ciudad como en la campaña.

Más allá de estas diferencias existentes entre el estrato sociocupacional medio y bajo, la gran mayoría de los sectores populares compartían muchas de sus condiciones materiales de vida.

---

[5] G. Massé, *Reinterpretación del fenómeno migratorio y su incidencia en la conformación sociodemográfica de la ciudad de Buenos Aires a mediados del s. XIX*. Tesis de maestría en Demografía Social, Universidad Nacional de Luján. 1992.

b) Las condiciones de la vida material

Entre 1850 y 1880, estos sectores populares habitaban ciudades con un constante crecimiento de sus actividades comerciales, manufactureras, administrativas y de servicios. En Buenos Aires, Rosario y Córdoba, este dinamismo fue seguido de modificaciones en la estructura social y poblacional —producto del impacto de la gran inmigración— y de un importante crecimiento físico de las ciudades. Rosario, por ejemplo, había pasado de tener cuatro mil habitantes en 1852 a veinte mil en 1867 y cincuenta mil en 1886. En Buenos Aires en 1855 vivían algo menos de cien mil habitantes mientras que en 1883, cuando adquiere los límites definitivos como capital del país, ya tiene cuatrocientos mil habitantes y alcanza casi el 15% de la población total de la Argentina. La ciudad de Córdoba también había crecido considerablemente producto de la inmigración ultramarina y la interprovincial.

Estaban habitadas por una población esencialmente joven producto de una alta natalidad y del creciente aporte inmigratorio. En Buenos Aires, en la década de 1850, el 30% de los habitantes era menor de 14 años y solo el 3%, mayor de 65. La edad media de la población era de 22,6 para los nativos y el promedio de edad de los extranjeros se estimaba entre los 20 y los 34 años. La esperanza de vida al nacer en 1855 era de 32 años. Esta cifra descendió a 26 en 1869 para sólo alcanzar los 31 en 1887.

La ciudades combinaban una abundante natalidad con una alta mortalidad. Esta afectaba especialmente a los niños —en particular los menores de un año— y se profundizaba en los años de epidemias, cuando los pobres tenían las mayores oportunidades de morir. La natalidad declinaba en el momento en que las epidemias se ensañaban con la población.

Las mujeres daban a luz menos niños, lo cual contribuía también a disminuir el ya lento aumento natural de la población.

Rosario, Córdoba y Buenos Aires eran en el período 1850-1880 ciudades intermedias, en las que convivían un elevado número de actividades de nuevo tipo con mecanismos materiales más próximos a las ciudades coloniales. Muchos aspectos de las ciudades mantenían las mismas características de la época colonial. El abastecimiento de agua era uno de ellos. En la ciudad de Buenos Aires, exceptuando los pocos aljibes, la mayor parte de la población consumía agua sucia y revuelta traída del río o agua de pozo, contaminada por las filtraciones de retretes y desagües de la primera napa. Los aljibes tampoco habían logrado corregir por completo los problemas de las otras formas de abastecimiento de agua.

Si bien almacenaban agua de lluvia, carecían de paredes impermeables con lo cual se convirtieron en un sistema menos higiénico, pues casi siempre se producían filtraciones de la primera napa contaminada. Solamente en 1869 Buenos Aires inauguró un primer tramo de aguas corrientes de apenas 20.000 metros que se limitaba al barrio de Recoleta, acentuando las diferencias entre un centro "jerarquizado" y una periferia menospreciada. Finalizado el año 1871 la legislatura provincial ordenó extender por toda la ciudad la red de agua corriente y el servicio de cloacas, innovaciones de la que sólo pudieron gozar los habitantes porteños en 1888.

La carencia de desagües cloacales, la contaminación del aire por las emanaciones de restos animales abandonados en las calles y los residuos de los saladeros contribuían constantemente al desmejoramiento de la salud pública de las ciudades. En Buenos Aires, los saladeros constituían un importante factor contaminante. Sus desperdicios, como la sangre o los despojos de carne y huesos, eran arrojados al Riachuelo o depositados en las calles adyacentes al lugar donde se faenaba.

A su vez, los servicios urbanos como la limpieza, el barrido y la recolección de basura resultaron deficientes o inexistentes. Eran frecuentes los pantanos pestilentes, especialmente en épocas de lluvias, tal como denunciaban los vecinos de Rosario en las proximidades de la epidemia de cólera de 1867. Las recomendaciones de las autoridades municipales en relación con el traslado de barracas, criaderos de cerdos, tambos, saladeros o mercados a lugares distantes del centro de la ciudad eran continuamente burladas. De igual modo sucedía con aquellas vinculadas con la calidad de la vivienda. En la ciudad de Buenos Aires, una ordenanza municipal de 1860 que tenía el propósito de arremeter contra la existencia misma de los conventillos, limitaba a cinco personas la cantidad de personas para un cuarto de veinte a veinticinco varas cuadradas (es decir de entre 14 a 18 metros cuadrados). Inmediatamente, fue letra muerta, como lo demuestra la existencia generalizada de cuartos de conventillos sin cumplir esta norma en las últimas décadas del siglo XIX y principios del XX. Lo mismo sucedía con los ranchos en la ciudad de Córdoba, que subsistieron hasta bien entrado el siglo XX. Más allá de la existencia de conventillos o ranchos, en Buenos

Aires, por ejemplo, los sectores populares también utilizaban sus carretas como vivienda, habitaban en moradas construidas con materiales de desecho o vivían hacinados en los mismos lugares donde trabajaban. Características de una sociedad preindustrial, el lugar de trabajo y la vivienda no siempre estaban separados.

El gravoso costo del transporte para los sectores populares explica esta necesidad de vivir en el lugar de trabajo o en habitaciones de conventillos en las proximidades de éste. En el caso de Buenos Aires, en 1864 el costo del pasaje en ferrocarril ida y vuelta de la ciudad a San Fernando era igual al jornal diario que percibía un peón trabajador del ferrocarril.

c) Las enfermedades sociales

Los problemas de la salud y la enfermedad pueden considerarse consecuencias, y también indicios, de las condiciones de vida y de trabajo de los sectores populares. Al mismo tiempo, su estudio concentra variables que sobrepasan la misma enfermedad, como son la acción del Estado y del cuerpo médico y la respuesta de los mismos sectores populares frente a éstos. Dentro de esta concepción general, se puede diferenciar a las llamadas enfermedades sociales, es decir, aquellas fuertemente ligadas con las condiciones globales de existencia de la población. La acelerada urbanización, con las deficiencias sanitarias mencionadas, intensificaba los riesgos de enfermedades de tipo *endémico* y *epidémico*, que en ocasiones eran de origen externo. Con efectos más y menos graves, la población de la ciudad de Buenos Aires sufría enfermedades endémicas como la viruela, el sarampión, la escarlatina, la disentería, la gripe, las paperas, la difteria y la fiebre tifoidea desde la época colonial. La difteria, la disentería y la fiebre tifoidea eran otras típicas enfermedades endémicas que se transmitían a través del agua contaminada presente en la higienización, en la fabricación de alimentos y en la misma alimentación de la población.

Como las epidemias, muchas veces estas enfermedades resultaban mortales, a causa de las deficientes condiciones de salubridad y a la exigua difusión de las teorías bacterianas. En 1881, en ocasión de su solicitud de vacunación obligatoria a los pobladores porteños, el intendente Torcuato de Alvear explicaba que la viruela en la ciudad y la campaña de Buenos Aires había producido un total de 18.390 defunciones entre 1850 y 1880, sobrepasando a la de la fiebre amarilla de 1871.

En 1852, 1874 y 1879-80 Buenos Aires fue azotada por epidemias de viruela. En 1853 y 1879 por otra de escarlatina. Como el agua —eslabón más débil de la relación entre la ciudad y su ambiente— estaba contaminada, provocó epidemias como la de disentería en 1859 y sus sucesivas reapariciones de 1860, 1862, 1864 y 1868. A su vez, la fiebre tifoidea había arremetido en la ciudad en 1869 y el sarampión en 1873-1874, 1877 y 1879.

Otras epidemias como la fiebre amarilla, la peste bubónica y el cólera azotaban por un tiempo delimitado simultáneamente a gran número de personas,. En la mayor parte de las ciudades rioplatenses las epidemias constituían experiencias conocidas desde la época colonial. El primer brote de cólera, que a diferencia de las anteriores era una enfermedad exótica, hostigó la ciudad de Bahía Blanca, en el extremo sur de la provincia de Buenos Aires, cuando se acrecentó la llegada de inmigrantes y el tráfico de mercaderías por su puerto.

En 1871 tuvo lugar la epidemia de mayores consecuencias en la historia de la ciudad. La fiebre amarilla estremeció a la ciudad, no tanto porque constituyera un acontecimiento nuevo sino por el lastre de muertes y la desarticulación de la vida comunitaria e institucional que provocó. En el lapso de cuatro meses murió el 8% de la población, se debió inaugurar un nuevo cementerio y más de 50.000 personas abandonaron temporariamente la ciudad y se apresuró el traslado de la elite de la zona sur a la zona norte de la ciudad que ya se había iniciado en la década de 1850, conmoviendo como nunca antes a la población de la ciudad y a las autoridades nacionales, provinciales y municipales.

Otras ciudades también sufrieron los embates de las epidemias. Rosario sufrió una epidemia de cólera en 1867 que arrebató la vida a 420 personas, 21 de cada mil personas especialmente pertenecientes a "la clase pobre y poco aseada" y se repitió en 1886 y 1894. En Córdoba la viruela, la fiebre tifoidea y la difteria hicieron repetidas apariciones en la década de 1880 mientras el cólera azotó la ciudad en 1886.

En Corrientes la fiebre amarilla de 1871 mató al 10 % de la población total y en Salta, el cólera causó estragos en 1868 y en 1886. A su vez, en esta ciudad, el sarampión, la difteria, la gastroenteritis y la fiebre tifoidea atacaban endémicamente a los barrios más pobres.

El impacto de las epidemias del período preestadístico –es decir anterior a la década de 1870– sólo puede calcularse como una estimación ya que debieron existir muchos enfermos que murieron sin haber reportado sus síntomas a las autoridades o sin ser atendidos en los escasos hospitales, obstáculos ambos para la realización de estadísticas por parte de las autoridades municipales, las únicas que entonces habían emprendido esta labor. Además insertos en la cultura "bárbara", los sectores populares aceptaban las enfermedades como males irremediables que forzosamente debían ocurrir, familiarizados como estaban con la muerte[6]. Los pobres eran profundamente reacios a asistir al hospital ya que no querían morir solos. Es factible entonces que ni siquiera reportaran la muerte de un allegado a las autoridades.

Por otro lado, hasta la creación del Registro Civil de las Personas en 1884 la Iglesia Católica mantuvo el monopolio en el registro de las personas, incluidas las inscripciones de defunciones y entierros. A su vez, la anotación de estos últimos sufrió mayores descuidos ya que en la mayoría de las oportunidades no se consignaban ni la edad del difunto ni la fecha de muerte precisa, además de las reiteradas confusiones entre el lugar de residencia y el del acontecimiento de la muerte del fallecido.

Conforme a estas limitaciones, para el período anterior a la década de 1870 no existieron estadísticas sobre las enfermedades o causas de muerte. Sólo en 1873 comenzaron a editarse las estadísticas de defunciones, clasificadas según edad, sexo y enfermedad causante de la muerte.

La morbilidad, junto a otros, constituye un indicador de las condiciones sanitarias y socioculturales de la población que permite explicar niveles de mortalidad en términos de factores económicos, sociales y culturales. Durante el siglo XIX, la mayor cantidad de muertos se debía a enfermedades infecciosas. Un ejemplo es el caso de la ciudad de Córdoba, con una mortalidad determinada por un régimen epidemiológico donde predominaban todo tipo de enfermedades infectocontagiosas:

---

[6] J. P. Barrán, *Historia de la sensibilidad en el Uruguay*, tomo I. Ediciones de la Banda Oriental, Facultad de Humanidades y Ciencias. 1989.

TABLA I
Tasas específicas de mortalidad según enfermedades infecciosas

Años	Gastroen-teritis	Bron-quitis	Tuber-culosis	Muerte súbita	Neumo-nía	Difteria	Fiebre tifoidea	Viruela	Total
1876	5,3	0,0	4,5	2,3	2,3	0,0	0,6	4,9	19,9
1877	5,7	0,0	9,2	3,8	2,1	0,0	1,2	2,3	24,3
1878	6,8	0,0	5,7	3,0	2,5	0,0	1,0	3,8	22,9
1879	5,5	0,0	5,0	1,9	2,4	0,0	4,4	4,1	23,3
1880	6,7	0,0	6,6	5,3	3,4	0,0	3,8	4,0	29,8

Fuente: Elaboración sobre la base de datos de Álvarez J. M. (1896) y proyecciones entre los censos de población de 1869-1895. Tomado de Carbonetti, A. y Boixadós[7].

En el período analizado, la gastroenteritis y la viruela eran de carácter endémico y producían mayor impacto sobre los niños y los jóvenes. Las enfermedades infecciosas como causas de la mayor parte de las muertes se repiten en otras ciudades. Veamos el caso de Buenos Aires:

Tabla II
Tasas de mortalidad general y por enfermedades infecciosas (por mil) Ciudad de Buenos Aires. Período 1869-1880

Año	Mortalidad general	Mortalidad infecciosas
1869	31,9	5,3
1870	29,3	2,4
1871	96,6	9,0
1872	24,8	2,2
1873	24,3	2,2
1874	28,2	4,3
1875	25,1	5,9
1876	18,7	1,8
1877	18,8	1,5
1878	17,9	1,3
1879	21,0	3,4
1880	20,9	4,1

Fuente: Elaboración a partir de estadísticas vitales. Tomado de Mazzeo[8].

---

[7] A. Carbonetti,. y C. Boixadós, *Problemas de salud y enfermedad en el discurso médico estatal en la ciudad de Córdoba a fines del siglo XIX*, mimeo.

[8] V. Mazzeo, *Mortalidad infantil en la ciudad de Buenos Aires 1856-1986. Análisis histórico de su*

La mortalidad infantil constituye otro indicador de las condiciones sanitarias y socioculturales de una sociedad o de una porción de ella. El comportamiento de la mortalidad infantil constituye uno de los indicadores más sensibles de las condiciones de salud de la población. El niño al nacer está expuesto a ciertos factores del medio como el ambiente sanitario, la nutrición de la madre y el niño o los programas de inmunización y control de enfermedades que inciden en su salud y que se reflejan en el nivel de tasa de mortalidad infantil. A su vez, estos factores se vinculan con el alcance que tiene para un gobierno el concepto de bienestar social y con las políticas gubernamentales que desarrolla con ese propósito.

Para el período 1856-1875, en la ciudad de Buenos Aires los infantes morían principalmente por enfermedades infectocontagiosas como cólera infantil, coqueluche, crup, difteria, escarlatina, fiebre tifoidea, influenza, sarampión y viruela, además de diarrea y enteritis. Antes de 1865, estas enfermedades eran endémicas en la ciudad. Las condiciones del ambiente —particularmente en las zonas periféricas— favorecían su origen, haciendo que los niños provenientes de las familias más pobres estuvieran más propensos a morir antes de cumplir el año de vida. Por esta razón, este período puede denominarse como etapa preorganizativa de la protección de la primera infancia.

Luego de 1875, cuando el progresivo saneamiento de la ciudad comenzó a dominar las epidemias, descendieron las cifras de mortalidad infantil y general.

---

comportamiento y de su inserción en el desarrollo económico de la ciudad. Tesis de maestría en Demografía Social, Universidad Nacional de Luján, 1990, p. 42.

Tabla III
Tasas de mortalidad infantil según edad. Promedios quinquenales (por mil).
Ciudad de Buenos Aires. Período 1856-1884

Período	Neonatal*	Postneonatal
1856-59	98,5	85,1
1860-64	153,8	130,1
1865-69	151,6	144,8
1870-74	120,6	146,2
1875-79	90,5	111,9
1880-84	60,1	110,9

*Niños menores de un mes.
Fuente: Tomado de Mazzeo[9].

Respuestas a los problemas de la salud: de la apatía al inicio de políticas sociales

Las reformas modernizadoras de la sociedad y la construcción del Estado nacional (así como de las autoridades municipales) permitieron dar las primeras respuestas a la problemática de la salud pública.

En la ciudad de Buenos Aires, luego de la batalla de Caseros, la Constitución de la Provincia de Buenos Aires estableció la creación de un poder político autónomo para la ciudad: la Corporación Municipal, que comenzó a funcionar a partir de 1856, demorada por los vaivenes de la política de la provincia secesionista. La Corporación Municipal era dependiente del Poder Ejecutivo provincial, siendo su presidente el ministro de Gobierno de la Provincia de Buenos Aires, acompañado por veintiún consejeros municipales que representaban a las distintas parroquias que componían la ciudad. Estos municipales elaboraban las ordenanzas con el asesoramiento de comisiones que se ocupaban de problemas específicos tales como higiene, seguridad, obras públicas, hacienda. Los municipales eran *notables* de la ciudad, miembros del patriciado elegidos por los vecinos. La Corporación

---

[9] V. Mazzeo, *op. cit.*, p. 19.

Municipal desarrolló sus funciones entre 1856 y 1865. En 1865, a instancias del Poder Ejecutivo provincial, se propone una reforma del Régimen Municipal. Vigente desde 1867, la reforma propone la separación de las ramas ejecutiva y legislativa en el gobierno municipal.

En Rosario, según la Ley Orgánica Municipal de 1858 de la provincia de Santa Fe, el gobernador provincial nombraba a quien ocuparía el cargo de presidente de la municipalidad. Además, diez municipales elegidos por voto popular completaban el gobierno municipal. Entre otras funciones, los municipales debían tomar medidas para prevenir las epidemias. Para hacerlo, se hicieron acompañar por el Tribunal de Medicina, un conjunto de médicos que ejercía control profesional y asesoramiento en cuestiones sanitarias.

Tanto en Buenos Aires como en otras ciudades, las intervenciones de la incipiente autoridad municipal en las formas de vida de los sectores populares, especialmente de los pobres, estuvieron dirigidas siempre a resolver conflictos relacionados con la higiene pública, otros con la seguridad, con la mendicidad o con la organización del espacio urbano. En verdad, los sectores populares aparecían en los registros oficiales cuando se convertían en un problema y en una fuente de preocupación para la Corporación Municipal. Es entonces en tiempos de epidemias de cólera o de fiebre amarilla cuando la pobreza se tornaba vergonzante y amenazaba el orden social o cuando dichos sectores se volvían un obstáculo para un desarrollo 'civilizado' de la vida de la ciudad que aparecía el desvelo de la elite. La preocupación por el estado de los sectores populares devenía también de la necesidad de mano de obra en la constitución de un mercado de trabajo capitalista en Buenos Aires.

Paralelamente la Municipalidad se preocupaba por el ordenamiento de la ciudad, disponiendo sobre el estacionamiento de carretas en plazas y mercados, la construcción de veredas y empedrados y la implementación del servicio de barrido y riego de las calles, ensayando al mismo tiempo distintas alternativas de eliminación de la basura en las calles. También organizó la Sociedad de Beneficencia para la asistencia de pobres y fundó el Asilo de Mendigos, el Hospicio de Dementes y el Cementerio del Sud.

La creación de las Comisiones de Higiene y de Obras Públicas da cuenta de la intención de tomar medidas vinculadas con el saneamiento ambiental. La primera debía ocuparse de todo aquello que fuera materia de la higiene general mientras que la segunda se reservaba el arreglo y el desagüe de las calles y la mejora de las obras públicas en general.

Tanto el principio de autopreservación sanitaria –del albergue del pobre salían las enfermedades que embestían también contra la mansión del rico– como los intereses económicos explican dicha preocupación. Con la inserción de la Argentina en el mercado capitalista mundial a partir de la exportación de lana, crecieron los intercambios comerciales y el flujo inmigratorio hacia la ciudad de Buenos Aires y también en otras ciudades como Córdoba y Rosario. Esta situación aumentó los riesgos de la transmisión de enfermedades que, además de azotar a la población local, obligaban a restringir el comercio. Un puerto sin las condiciones de higiene necesarias podía estar próximo a ser marginado del comercio internacional. La adopción de "los principios de higiene" constituía entonces un requisito para ser reconocido como integrantes del "mundo civilizado", miembro del "campo del progreso".

Al mismo tiempo, se estaba produciendo un cambio paulatino en la concepción de las enfermedades. Tanto en Europa como en América durante siglos la higiene se había considerado como asunto individual. A partir de las nuevas ideas que influyeron en la Revolución Francesa, aparecieron novedosas contribuciones encaminadas a una consideración social de la enfermedad, de su prevención y del ejercicio de la medicina. Las primeras epidemias de la era industrial y la miseria en que vivían las clases trabajadoras favorecieron el origen de esta nueva concepción, denominada el higienismo. Éste fue un movimiento de reforma sanitaria, social y estadística de amplio espectro que reunió experiencias sanitarias que iban desde reformas legislativas hasta presiones de diferentes sectores de la sociedad para exigir cambios en las condiciones sanitarias de la ciudad o las viviendas, además de la organización de diferentes experiencias de sociedades de socorros mutuos.

En el Río de la Plata, a partir de Caseros y con más fuerza en los años '80, luego de la experiencia de la epidemia de fiebre amarilla de 1871, se fue constituyendo un aparato sanitario y de higiene pública y secular, modelado sobre criterios higieniestas europeos. En la ciudad de Buenos Aires, la Comisión de Higiene de la Corporación Municipal se ocupó de los asuntos concernientes a la limpieza de las calles y lugares públicos, el alumbrado público, la desinfección del aire y de las aguas, el despojo de las materias infectas, la propagación de vacunas, el régimen y conservación de los hospitales, el aseo y mejoramiento de los mataderos, la calidad de los medicamentos y comestibles puestos en venta, la conservación y aumento de los cementerios, las inundaciones, los incendios. Por eso, inmediatamente necesitó "recordar" disposiciones vigentes ya desde las décadas del '20 y del '30 pero incumplidas, como lo demuestran las frecuentes quejas de los vecinos por la existencia de caballos agonizantes abandonados en las calles, entre otras, problemas de la basura, los desagües industriales, cloacales y pluviales, la provisión de agua corriente y la pavimentación.

Por entonces, el accionar de las instituciones era esporádico. En 1856, alarmada ante la proximidad de una epidemia de fiebre amarilla presente en Montevideo, la Corporación Municipal porteña dispuso medidas preventivas como las visitas domiciliarias. Eran organizadas por la policía quien inspeccionaba los domicilios particulares en busca de objetos nocivos para la salud y en virtud del cumplimiento de disposiciones sobre letrinas y sumideros. En 1858, en oportunidad del brote de fiebre amarilla, organizó algunas medidas de emergencia, sin ningún efecto duradero. Estableció un lazareto en la Ensenada y otro en la quinta de Lezama y se fijaron cuarentenas de quince días a las mercaderías que llegaban desde Brasil. Reflejo de la escasa infraestructura sanitaria existente, los lazaretos eran casas de particulares en las afueras de la ciudad destinadas a internar a los infectados para interrumpir de esa manera la cadena de contagio. Sus instalaciones eran tan deficientes que no ofrecían garantías ni a los enfermos ni a la población, convirtiéndose en depósitos de enfermos con escasas o nulas posibilidades de curación.

Las explicaciones sobre el origen de las epidemias seguían inscriptas en el higienismo tradicional, es decir precientífico. Según éste, se atribuían los focos infecciosos a los *miasmas*: los malos olores de la atmósfera. Hasta la fiebre amarilla de 1871 fue considerada una enfermedad miasmática endémica o epidémica por los miembros de la Comisión Médica que encabezó la lucha contra esta enfermedad. A su vez, el concepto mismo de miasmas era impreciso y difuso para la ciencia médica, ya que eran múltiples las explicaciones causales de las enfermedades epidémicas.

El triunfo del higienismo

El impacto de la gran epidemia de fiebre amarilla de 1871 había convencido a la población y a las autoridades de la necesidad de construir una ciudad y una nación modernas, difundiendo los nuevos ideales de la higiene. A partir de entonces, las enfermedades epidémicas adquirieron una significación social, cultural y política hasta ese momento irreconocible y la ideología higienista alcanzó un grado mayor de poder y difusión. Si bien la higiene como instrumento de intervención ya existía en las décadas anteriores, su presencia se tornó dominante, con proyectos coherentes y estables, cuando entre los miembros de la elite hasta entonces preferentemente dedicados a las actividades agropecuarias, comerciales o manufactureras ganó la convicción de que era necesario y posible evitar las enfermedades sociales. Por eso, entre el crecimiento urbano y la consolidación de las autoridades municipales, la elite hizo lugar a los higienistas, personajes nuevos que en su mayoría provenían del campo de la medicina y que actuaron con determinación en el mundo político. No sin conflictos o disidencias con el poder público, asumieron funciones de poder en las distintas instituciones destinadas a preservar y mejorar la salud pública tanto en los gobiernos nacionales y provinciales como en los de las ciudades más afectadas por las transformaciones económicas y sociales de la segunda mitad del siglo XIX. Al mismo tiempo, aspiraron a influir sobre las políticas públicas a través de una multiplicidad de caminos: la dirección de hospitales, la integración de cátedras universitarias, la difusión científica a través de diferentes revistas médico-profesionales o la formación de asociaciones profesionales.

Con diferencias ideológicas entre sus miembros, los defensores del ideal higienista tenían a la ciudad como objeto de reflexión y a la medicalización del espacio urbano como principal receta de intervención, alternando contenidos preventivos y también disciplinarios, en particular sobre la masa de sectores populares. Cuando aún dominaban las enfermedades infecciosas, la primera generación de higienistas, integrada por Guillermo Rawson, Eduardo Wilde, Emilio Ramón Coni y José Penna, de posiciones liberales y secularizadoras, promovió la lucha antiepidémica mediante el saneamiento urbano con obras como la provisión de agua potable, instalación de cloacas y desagües, la pavimentación de calles, la recolección de residuos y el control de alimentos, en ocasiones mezclada con la transmisión de temores generalizados al contagio y apuntes sobre la moralización de las masas. Hacia 1910, en el tiempo en que la construcción de las obras de salubridad había facilitado el control de los ciclos epidémicos, la segunda generación de higienistas en la que se destacan los socialistas Augusto Bunge, Ángel Mariano Giménez o católicos como Juan Cafferata denunció las condiciones de vida y de trabajo de los sectores populares. Entonces, demandaron del Estado el establecimiento de legislación laboral, desarrollo de obras asistenciales y emprendimientos de vivienda popular.

A modo de conclusión

Los años que acabamos de estudiar proyectaron hacia el futuro una imagen de cierta estabilidad política y progreso social tras los perturbadores años de las guerras civiles precedentes. Sin embargo, esta imagen no se condice con la realidad. La construcción de un Estado nacional debió atravesar por entre el ruido de las numerosas rebeliones armadas, por la dificultosa construcción de un orden rural, por las penosas condiciones de vida de las clases populares urbanas.

A pesar de que la lucha de porteños y provincianos de los años previos se continuó bajo nuevas formas en las luchas entre el Estado de Buenos Aires y la Confederación, pronto se pudo consolidar una elite política nacional que a partir de la batalla de Pavón impuso su proyecto a todo el país. Esa elite conducida desde Buenos Aires promovió una serie de cambios sociales de innegable trascendencia cuyos ejes centrales pasaban por el poblamiento, la ocupación política del espacio geográfico formalmente nacional, el desarrollo de los transportes.

De esas líneas troncales nació el hecho capital de la formación de la Argentina moderna. La inmigración ultramarina, proyectada inicialmente por la Generación de 1837 y gestionada luego durante las presidencias de Mitre, Sarmiento y Avellaneda, fue el gran motor del crecimiento económico y social argentino de entonces. Consolidado el proyecto de unidad nacional y el crecimiento de la economía agroexportadora, se produjo un elevado crecimiento poblacional y un desarrollo de nuevas actividades.

El gran desafío para ese país en formación fue colocar al servicio de la vida colectiva el inmenso mar de las pampas. Las tradicionales estancias se subdividieron y una multitud de chacareros, aparceros y jornaleros fueron traduciendo a la realidad las múltiples posibilides ecológicas de la región.

En virtud del componente inmigratorio, los sectores populares tuvieron una manifiesta heterogeneidad reflejada en sus condiciones de vida. Las características de precariedad de la vivienda existían tanto para aquellos que vivían hacinados en conventillos o en los mismos lugares de trabajo (talleres o comercios) en el centro de las ciudades, como para quienes habitaban ranchos u otras viviendas construidas con endebles materiales de desecho o carretas en los suburbios. Todos ellos estaban más expuestos que la elite a sufrir las consecuencias típicas de las ciudades en sus primeras etapas de urbanización: soportar las emanaciones de calles repletas de basura o empantanadas, beber agua contaminada o contraer enfermedades infectocontagiosas endémicas o epidémicas como la fiebre tifoidea o la viruela, el cólera o la fiebre amarilla.

Aquietadas las guerras civiles y con el estreno de los nuevos sistemas institucionales en las décadas de 1850 y 1860, la preocupación por la conservación de la salud pública dio origen a un higienismo incipiente. A partir de la década de 1870, luego de las grandes epidemias de cólera de 1867 y de fiebre amarilla de 1871 en Buenos Aires, el movimiento higienista alcanzó un grado mayor de poder y difusión en el momento en que se consolidaba la reforma modernizadora de la sociedad, el proceso de construcción del Estado, la inmigración se hacía masiva y los peligros de epidemias ponían en riesgo el funcionamiento de la economía exportadora en pleno crecimiento.

CAPÍTULO II

1880-1916: la modernidad agroexportadora y el impacto inmigratorio

Julio Stortini
(UNLU-UBA)

El ordenamiento político e institucional

Durante la etapa comprendida entre la asunción del general Julio A. Roca a la primera magistratura (1880) y el advenimiento del radicalismo al gobierno (1916), la Argentina vivió una serie de transformaciones estructurales que terminaron por delinear una sociedad y una economía que superaban los pronósticos más optimistas formulados en el período posrosista.

Este proceso de modernización encontraba sus raíces en las décadas anteriores a 1880 cuando se fueron elaborando los pilares de una organización político-institucional que corría paralela a una orientación económica que en forma sostenida iba vinculando a la Argentina con el mercado mundial. Ambos procesos, la consolidación de un Estado nacional y la afirmación de una economía que privilegiaba los productos con alta demanda en el mercado mundial, terminarían allanando el camino del "progreso", según era entendido por la dirigencia argentina.

El Estado nacional asumió una serie de funciones y capacidades operativas que lograron sobreponerse a las resistencias provinciales y a las de diversos sectores sociales e institucionales[10] y consolidaron un conjunto de competencias que permitieron que ese Estado ejerciera ampliamente su control sobre el territorio y la sociedad que reconocía como sujetos a su jurisdicción.

---

[10] El proceso de construcción del Estado nacional para el período 1860-1880 es analizado por O. Oszlak, *La formación del Estado argentino*, Buenos Aires, Editorial de Belgrano, 1985.

La expansión y especialización del aparato estatal derivó en la organización y profesionalización de un ejército nacional que pasó a monopolizar la fuerza militar de la nación. Ello quedó ratificado en la progresiva eliminación de las montoneras, en la expansión de la frontera con el indio, en la guerra del Paraguay y en la supresión de los cuerpos armados provinciales. Asimismo, se procedió a la creación de un aparato burocrático al poner en funcionamiento las estructuras ministeriales, el sistema judicial federal, el rentístico y el educativo entre otros. Ello se acompañó con la sanción de códigos, leyes y disposiciones que fueron constituyendo tanto al Estado como a los lazos entre éste y la sociedad.

Por otra parte, al Estado nacional le cupo la responsabilidad de impulsar la economía a través de medidas que definían los modos de atraer e integrar a la mano de obra inmigrante, la distribución de la tierra, la construcción de una red de transportes y comunicaciones (ferrocarriles, telégrafos y correos), la captación de inversiones externas y la implementación de una política financiera, monetaria y fiscal.

La construcción del Estado nacional tuvo un punto culminante en la federalización de la ciudad de Buenos Aires. Ocurrida en 1880, vino a afirmar la soberanía del Estado al subordinar a la provincia de Buenos Aires al poder nacional y resolver uno de los principales problemas institucionales que había agitado la vida política desde la sanción de la Constitución de 1853. Este acontecimiento terminó por contribuir a una solidez política que en la nueva década iniciada con el gobierno de Roca permitiría un nuevo impulso de las transformaciones económicas precedentes. Ello se manifestó en el notable crecimiento de los indicadores económicos como los relativos a la producción agropecuaria, el comercio exterior, el ingreso de capitales extranjeros y la llegada de inmigrantes.

En el marco de la división internacional del trabajo, la integración de la Argentina a la economía mundial como productora de bienes primarios pudo realizarse en función de la conformación de un bloque dominante de carácter nacional en el que se asociaban las elites del Litoral con las del Interior del país. Esta alianza garantizó la viabilidad de un proyecto político y económico que asumía la necesidad de modernizar a la Argentina en su conjunto. La conducción y ejecución de ese proyecto estuvo a cargo de una clase política que supo controlar el acceso a los cargos gubernamentales y establecer las reglas para reproducir y conservar su poder.[11] El concepto de "oligarquía" remite a ese grupo de notables cuyo poder residía en su prestigio social, en su educación y en su poder económico. Dicha oligarquía entendía que la conducción política del país, por esos mismos atributos que ella poseía, debía permanecer en sus manos.

La ampliación de las funciones del Estado nacional arrebatadas en parte a las provincias y a la Iglesia (ley de educación común y matrimonio civil) implicó la necesaria creación de una burocracia crecientemente capacitada. En su nivel jerárquico, esos cargos fueron ocupados por jóvenes profesionales (abogados y médicos) egresados de la universidad que provenían no sólo de las clases altas sino también de los sectores medios en ascenso.

Esta clase gobernante compartía ciertas creencias y perspectivas sobre el presente y el futuro del país que le permitieron construir, por un lado, un régimen político ciertamente conservador cuyas normas electorales dificultaban, por no decir que imposibilitaban, el triunfo de la oposición y que desalentaba la inclusión de los nuevos sectores sociales, y, por el otro, una economía de matriz liberal que no eludía consideraciones pragmáticas acerca de la intervención del Estado y de prácticas proteccionistas, y que estaba orientada firmemente hacia la integración de la Argentina al mercado internacional.

Julio A. Roca, dos veces presidente y figura política excluyente del Partido Autonomista Nacional (P.A.N.) –alianza de elites provinciales–, modeló las prácticas políticas de la época. El Poder Ejecutivo Nacional y los gobiernos provinciales se constituyeron en los actores preeminentes de la vida política. Mediante un juego de presiones, dádivas, amenazas y transacciones se desarrollaron los delicados equilibrios que suponían apoyos y contraprestaciones entre el poder central y el local. Bajo su primera presidencia (1880-1886) el lema "paz y administración" pretendía expresar la consolidación del orden público y la eficiencia administrativa pero también la centralización del poder político mediante la disminución de la autonomía de las provincias y municipios y un fuerte control y coerción sobre la participación de la sociedad, evitando las turbulencias de la vida política. Tanto el presidente como los gobernadores aplicaban decididamente su influencia y su poder para la provisión de cargos electivos y judiciales y, en lo posible, para designar a sus

---

[11] Para el funcionamiento del régimen político de este período, véase N. R. Botana, *El orden conservador. La política argentina entre 1880 y 1916*, Buenos Aires, Sudamericana, 1977.

sucesores y proteger su propio futuro político. En un escalón inferior estas relaciones —personales más que orgánicas— se completaban con la acción de notables y caudillos de influencia y prestigio local que tenían la capacidad de movilizar a una clientela en determinadas coyunturas políticas.

Aunque años después este modo de ejercer la política empezó a encontrar sus límites, tiñó en buena medida todo el período analizado. La vida pública discurrió entonces por canales que poco tenían que ver con los principios republicanos, democráticos y/o federales, aunque estos ideales nunca se perdieron completamente[12]. Las fuerzas políticas no se nucleaban en partidos consolidados sino en coaliciones inestables constituidas alrededor de los personajes de la época (entre otros, Julio A. Roca, Miguel Juárez Celman, Bartolomé Mitre, Carlos Pellegrini, Bernardo de Irigoyen, Leandro N. Alem y Roque Sáenz Peña) entre los que se negociaban las candidaturas y los cargos públicos. La escasa credibilidad del sistema se acentuaba con las prácticas corruptas favorecidas por el auge económico y las nuevas funciones del Estado.

A su vez, las prácticas electorales estuvieron viciadas por la digitación de los candidatos, las prácticas cooptativas y, en diversas ocasiones, por el fraude. Al iniciarse el nuevo siglo, desde un sector del propio grupo dirigente se consideró imprescindible acompañar el progreso material con cambios en el sistema electoral que permitieran incorporar las minorías opositoras al sistema. En 1902 se estableció el sistema de representación uninominal por el cual se elegía un solo candidato por circunscripción electoral aunque se aplicó en forma efímera. Sólo en 1912 el grupo reformista encabezado por Roque Sáenz Peña, a la sazón presidente de la República, logró sancionar la nueva ley electoral que establecía el voto universal masculino, secreto y obligatorio, el padrón militar y el sistema de lista incompleta[13], medidas a través de las cuales se podría construir una nueva ciudadanía a la que se le garantizara la libertad del sufragio y la limpieza en los comicios. No obstante, la participación en los actos eleccionarios tardó varios años en aumentar, entre otras razones, por el gran número de extranjeros no nacionalizados.

---

[12] Acerca de los debates de la época sobre la naturaleza del régimen político y las instituciones, véase N. R. Botana y E. Gallo, *De la República posible a la República verdadera (1880-1910)*, Buenos Aires, Ariel, 1997.

[13] Éste se aplicaba a la elección de diputados nacionales y permitía que la primera minoría se llevara los dos tercios de la representación de un distrito (provincia, capital, territorio nacional) mientras que a la segunda minoría le correspondía el tercio restante.

Durante el período analizado, la participación política se vehiculizó por otros canales que no eran necesariamente los del sufragio. La actividad política se dio a través del periodismo, de los actos callejeros, de los levantamientos armados y de formas de sociabilidad como lo eran los clubes (Jockey Club, del Progreso), los banquetes y la universidad. Otras formas de expresión, no necesariamente políticas pero que exigían respuestas del Estado, eran canalizadas por diversos tipos de asociaciones como los sindicatos, mutuales, cooperativas, agrupaciones empresariales e instituciones culturales y de beneficencia.

El grado de politización de la sociedad, especialmente el de la ciudad de Buenos Aires, tenía picos muy altos como en el '90. El año 1890 fue el escenario de una doble crisis: la económica y la política. La debacle económica unida a la resistencia generada por la concentración de poder (el "unicato") en manos del presidente Juárez Celman llevó a una revolución que, pese a su fracaso, lo obligó a renunciar quedando a cargo del gobierno el vicepresidente Carlos Pellegrini. La Unión Cívica era la agrupación política que había preparado la revolución con el apoyo de sectores del ejército. En ella coincidieron figuras de distinta tradición política como Leandro N. Alem, Bartolomé Mitre, Vicente F. López, Aristóbulo del Valle, Bernardo de Irigoyen, Juan B. Justo e Hipólito Yrigoyen. En 1891, frente al nuevo gobierno de Pellegrini y a las futuras elecciones, la Unión Cívica se partió entre la Unión Cívica Nacional liderada por un Mitre proclive a acordar con Roca –ahora ministro del Interior– y la Unión Cívica Radical (UCR) que bajo la conducción de Alem estaba entregada a una franca oposición.

El radicalismo levantó la bandera de la defensa de los intereses de la nación frente a un régimen al que acusaba de desconocer la Constitución y las autonomías provinciales y municipales, además de tergiversar la voluntad cívica mediante el fraude electoral. La UCR denunciaba al régimen oligárquico por haber concentrado el poder, desalentado la participación ciudadana y por prácticas administrativas poco eficientes y corruptas. Con el fin de restablecer el orden constitucional, el radicalismo no rechazaba la apelación a la violencia y prueba de ello fueron las asonadas revolucionarias fallidas de 1893 y 1905.

Luego del suicidio de Alem en el año 1896, la UCR entró en una profunda crisis debido a conflictos internos entre los sectores participacionistas (Bernardo de Irigoyen) y abstencionistas (Hipólito Yrigoyen). Sólo a partir de

1903 H. Yrigoyen pudo iniciar la reorganización del partido. En esta etapa de la lucha política se apeló tanto al levantamiento armado como a la abstención electoral. El partido se organizó en una red de comités locales que ampliaron su capacidad de reclutamiento de adherentes y dotaron al radicalismo de una moderna presencia y estructura a nivel nacional pero en la que persistían ciertas prácticas caudillistas y de patronazgo. La oposición ferviente al régimen no derivaba de una composición social diferente a la de los gobernantes. En sus orígenes la dirigencia radical se conformó con individuos provenientes de sectores altos y medios-altos marginados de las estructuras de poder. Sólo a partir de la segunda década del siglo XX se fueron incorporando en forma sostenida sectores medios carentes de representación política.

Por su parte, el Partido Socialista se constituyó en otra expresión de la renovación política que venía sucediéndose en la década de 1890. La agrupación, dirigida por Juan B. Justo, pretendía incorporar a los trabajadores a la vida política democrática alejándose de los imperativos revolucionarios difundidos por el marxismo. Influido por el socialismo reformista europeo, apuntaba a alcanzar una sociedad igualitaria mediante la eliminación de las prácticas políticas y económicas que perjudicaban al sistema republicano y al progreso material del país. El desarrollo del capitalismo llevaría naturalmente al socialismo: al avanzar la acumulación capitalista se crearía una clase trabajadora cada vez más numerosa que permitiría al socialismo tener una representación parlamentaria desde la cual elaborar una serie de medidas que lograran la emancipación del proletariado[14]. El Partido insistió fundamentalmente en la vía política para alcanzar el socialismo y a diferencia de la U.C.R. participó en todas las contiendas electorales.

Para el socialismo había que eliminar las manifestaciones de lo que denominaba la "política criolla": el caudillismo, el clientelismo, el fraude y, por otra parte, hacer que los pobladores de la Argentina asumieran un compromiso cívico a través del voto, de las prácticas cooperativas y culturales y de las organizaciones sindicales para poder combatir la hegemonía oligárquica y restablecer la vigencia de las instituciones republicanas. En el caso de los

---

[14] J. Adelman, "El Partido Socialista Argentino", en M. Z. Lobato (dir.), *El progreso, la modernización y sus límites (1880-1916). Nueva Historia Argentina*, t. 5, Buenos Aires, Sudamericana, 2000.

inmigrantes, ellos deberían naturalizarse ya que con su poder electoral podrían ejercer un mayor control sobre la clase dirigente corrupta y explotadora y liberar a la economía de las lacras que le impedían aún una mayor expansión. Su discurso reformista logró captar la adhesión de sectores medios como empleados, pequeños productores y propietarios, periodistas e intelectuales. Para el período estudiado, sin embargo, sus logros electorales no fueron muy trascendentes, aunque cabe destacar que, en 1904, Alfredo Palacios al alcanzar una banca en el Congreso, se constituyó en el primer diputado socialista de América Latina.

Después de la conclusión de su segunda presidencia (1898-1904) la influencia de Julio A. Roca empezó a declinar. Las disputas internas llevaron a la fragmentación del P.A.N. y a proyectos políticos diversos encabezados por los notables de la época como Carlos Pellegrini, Manuel Quintana, José Figueroa Alcorta y Marcelino Ugarte. La exclusión política de amplios sectores de la sociedad unida a una creciente conflictividad social hicieron que un sector de la clase dirigente considerara necesario elaborar algunos cambios en las prácticas políticas. Para ello, se optó por reforzar la legitimidad del régimen mediante la reforma electoral. Así se incorporaba al juego político al radicalismo sin suponer que la persistente fragmentación de esa clase gobernante haría que, poco tiempo después, la U.C.R. triunfara en las elecciones presidenciales llevando a Hipólito Yrigoyen al gobierno.

Las bases de la economía primaria exportadora

El período 1880-1914 se caracterizó por un crecimiento económico que casi no tuvo parangón en el mundo. Las tasas de crecimiento del producto bruto interno y del producto per cápita de la Argentina se podían comparar favorablemente con la mayoría de los países europeos. En la década de 1880 el área sembrada, la red ferroviaria, las inversiones extranjeras y el volumen del comercio exterior registraron un salto hacia delante. Luego de superar los efectos de la crisis de 1890 retomaron el ciclo ascendente hasta la Primera Guerra Mundial.

Estos cambios fueron resultado de la inserción de la Argentina en un mercado internacionalizado donde diversos países europeos y otros como Estados Unidos y Japón estaban en pleno proceso de industrialización. Éste exigía una integración mundial que permitiera colocar el excedente de los bienes manufacturados producidos y obtener los alimentos y materias primas que demandaban tanto su población como su estructura productiva. La expansión económica argentina se basó en tres pilares: la producción agropecuaria destinada a los mercados internacionales, la inversión de capital extranjero y el flujo de mano de obra que provino de Europa.

Como se ha indicado, a partir de la década de 1860 el Estado cumplió un papel fundamental en echar las bases de una organización y estabilidad políticas que alentaran la llegada de inversiones y de mano de obra. Desde los años '80 el Estado emprendió múltiples iniciativas en el plano económico tales como la unificación monetaria de 1881, la afirmación de un sistema tributario basado en el comercio exterior, la contratación de empréstitos en los mercados de capitales británicos, entre otras. Las ideas liberales que informaban la visión de la dirigencia argentina incluían la consideración de que el papel del Estado era vital para el desenvolvimiento del país. Así se sucedieron una serie de acciones destinadas a sostener el desarrollo como los estímulos otorgados a las compañías ferroviarias, la creación del Banco de la Nación Argentina (1891), que se unía a la actividad del Banco de la Provincia de Buenos Aires y la sanción de leyes aduaneras que no dejaban de proteger determinadas actividades económicas.

Las políticas fiscales, cambiarias y crediticias elaboradas por el Estado tendieron a beneficiar al sector propietario y dentro de éste a aquéllos que tenían un vínculo más estrecho con el sistema político[15]. En algunos casos, por ejemplo, frente a la apreciación del papel moneda se buscó su estabilización o la devaluación para beneficiar a los terratenientes y exportadores perjudicados

---

[15] La relación entre la clase terrateniente y el Estado oligárquico ha sido estudiada por R. Hora, *Los terratenientes de la pampa argentina. Una historia social y política, 1860-1945*, Buenos Aires, Siglo Veintiuno, 2002. Los grandes propietarios rurales se beneficiaron ampliamente con la política de expansión agropecuaria desarrollada desde la década de 1880. Su inserción en la actividad política fue débil aunque su preeminencia económico-social ejercía una evidente influencia en los negocios públicos. Grandes hacendados como los Unzué, Tornquist, Guerrero y Luro podían criticar las prácticas corruptas de las elites gobernantes pero no por ello desconocer que el Estado protegía y alentaba las actividades de sus empresas. Si en determinadas ocasiones los terratenientes vieron la necesidad de organizar su propia expresión política como, por ejemplo, el partido Unión Provincial en 1893, los logros en este sentido fueron escasos. La Sociedad Rural Argentina (1866), representante de los grandes propietarios, tuvo por lo general una actitud alejada de todo protagonismo político.

con la redistribución de los ingresos que ello significaba y hacer más competitivas las exportaciones de bienes primarios.

A partir de 1879 con la Conquista del Desierto y en sucesivos avances contra el indígena, el Estado incorporó a la producción nada menos que treinta millones de hectáreas. La población indígena fue excluída del "progreso" a través de su eliminación física o de la pérdida de sus fuentes de vida dándose por resultado una caída abrupta de su número.

El Estado propició además la extensión de la red ferroviaria en la pampa húmeda y luego hacia otras regiones del norte y oeste del país mediante el capital extranjero. La reducción de los costos y la mayor seguridad y regularidad que suponía el ferrocarril facilitó la extensión del área de cultivo y que los cereales pudieran alcanzar los centros de consumo y los puertos de embarque hacia el exterior. Nuevas tierras y líneas ferroviarias contribuyeron a un crecimiento notable de la producción agrícola y del stock ganadero y, por ende, de las exportaciones demandadas por el mercado europeo.

Basada en la extraordinaria extensión de tierras fértiles que podía ser explotada con costos inferiores a los internacionales, para estas décadas la composición de las exportaciones se transformó ampliándose la variedad y el volumen de los productos ofrecidos. Si desde mediados del siglo XIX la exportación de lana había desplazado en importancia a los cueros, el tasajo y otros productos derivados de la ganadería, ahora aparecían nuevos bienes de igual o mayor importancia. Al acercarse el fin de siglo la producción exportable se amplió con el ganado en pie, el trigo y luego el maíz y el lino. Para esta época el cierre de las importaciones británicas de animales en pie debido a la fiebre aftosa permitió que, gracias al perfeccionamiento del transporte frigorífico, se impulsara la exportación de carne congelada ovina y luego vacuna hacia ese mercado. La carne congelada bovina junto con los cereales y el lino y más tarde la carne enfriada —mejor adaptada al paladar europeo— se convirtieron en las exportaciones fundamentales del país durante los años previos al estallido de la Primera Guerra Mundial.

El mercado europeo exigió el refinamiento del ganado, lo que llevó a la introducción más sistemática de reproductores de la raza Shorthorn y al reemplazo de las pasturas tradicionales por los campos alfalfados. Esto produjo una mayor complementación entre la ganadería y la agricultura bajo el sistema de arrendamiento. Dentro de la producción ganadera se fueron perfilando dos grupos, criadores e invernadores, que en el futuro entrarán en conflicto. Los primeros estaban encargados de la cría del animal y soportaban gran parte del riesgo empresarial, mientras que los últimos terminaban por mejorar el producto en los campos de invernada y eran quienes tenían mayor capacidad de negociar los precios de la carne con los frigoríficos.

La estructura de la propiedad de la tierra que venía conformándose con anterioridad a 1880 se consolidó con la expansión agropecuaria. La Conquista del Desierto incorporó enormes extensiones a la producción que terminaron siendo apropiadas por terratenientes y especuladores. Ello reflejó la escasa capacidad y voluntad del Estado por controlar la distribución de esas tierras como también la presión de los grupos económicos que habían financiado la campaña. También pesaban razones económicas que hacían más viable la conformación de grandes propiedades para afrontar los riesgos de su explotación. Por otra parte, la creciente valorización de la tierra fue excluyendo del acceso a la propiedad a buena parte de los pequeños y medianos productores.

Durante las dos últimas décadas del siglo XIX también se desarrolló la economía en las áreas de asentamiento de colonias en la provincia de Santa Fe y en menor medida en Entre Ríos y Córdoba. Desde allí se inició el *boom* de la agricultura que permitió iniciar las exportaciones al continente europeo. A mediados de la década de 1890 el proceso se detuvo y fue disminuyendo el número de propietarios a favor del arrendamiento y de la medieria. A partir de esas colonias, pobladas sobre todo por inmigrantes, se creó un sector rural medio de propietarios a medida que los colonos lograban resarcir a los empresarios colonizadores por los gastos efectuados para instalarlos en la tierra[16].

En la provincia de Buenos Aires las colonias no tuvieron semejante incidencia. Mayoritariamente allí se difundió el arrendamiento y la aparcería. Los propietarios de estancias alquilaban las parcelas para cultivarlas por un lapso de tiempo (unos tres años) después del cual, por lo general, el arrendatario o chacarero debía entregar la tierra sembrada de alfalfa. Este sistema era ventajoso para el estanciero ya que lograba evitar los costos fijos en mano de obra y recuperaba una tierra ya preparada para recibir al ganado. De esta manera la estancia moderna ofrecía una producción combinada de agricultura y ganadería.

---

[16] Este sector rural medio también estaba compuesto por arrendatarios, comerciantes, dueños de almacenes de ramos generales, transportistas, artesanos, acopiadores, contratistas, etcétera.

Las fluctuaciones económicas sumadas a las formas de tenencia de la tierra incidieron en la movilidad social y espacial rural. La debilidad de los colonos, propietarios precarios y chacareros, normalmente arrendatarios, residía en sus limitaciones de tierra, capital, información y acceso al crédito (los almaceneros y comerciantes se convertían en la única fuente para este sector) lo que los obligaba a someterse a las condiciones impuestas por los grandes propietarios e intermediarios, a las elevadas tarifas de los transportes y a los precios fijados por las firmas exportadoras de granos.

Finalmente, dentro del mundo rural existía una masa de peones y jornaleros sometidos a precarias condiciones laborales y contractuales. Parte de ellos se trasladaban en función de las tareas estacionales requeridas. A ello se sumaban los inmigrantes "golondrinas" que llegaban al país para los meses de la cosecha de cereales y lino.

A pesar de los avances a nivel macroeconómico existían, especialmente en las provincias del norte, amplias zonas rurales donde la pobreza predominaba. No obstante, no hubo grandes estallidos sociales en el ámbito rural con excepción del llamado Grito de Alcorta (1912) originado en el sur de la provincia de Santa Fe y que se extendió a zonas vecinas. Este movimiento obedeció a condiciones coyunturales como el fracaso de la cosecha de maíz de 1910-1911 y la caída de su precio internacional, pero también fue impulsado por las duras condiciones contractuales que afectaban a los arrendatarios. La Federación Agraria Argentina nació a raíz de este conflicto. Si bien en diversos momentos hubo otros reclamos como por ejemplo por los elevados impuestos, tanto colonos como arrendatarios nunca se movilizaron por cambios en la estructura de la propiedad de la tierra.

Al incorporarse a la economía mundial como productora de alimentos y materias primas, la Argentina fue afianzando una relación de estrecha complementación con Gran Bretaña. Ésta se convirtió en uno de sus principales compradores y al dominar los circuitos comerciales y financieros internacionales favoreció el acceso de la Argentina al mercado de capitales necesario para sostener la expansión económica.

Las inversiones británicas, y en menor medida francesas, se orientaron al desarrollo de la red de transportes y de la infraestructura que posibilitaran la producción de la zona agropecuaria. Desde 1890 la Argentina se convirtió en el principal receptor de inversiones británicas en América Latina. Para 1891 éstas constituían casi el 85% de las inversiones extranjeras en el país y todavía el 55% para fines del período estudiado; le seguían los capitales franceses, alemanes y norteamericanos[17]. Al principio, el capital extranjero se canalizó por medio de empréstitos y, desde 1890, fundamentalmente a través de inversiones en ferrocarriles, empresas de servicios (gas, luz, agua corriente), puertos y compañías financieras, de tierras e hipotecarias. La inversión directa en la producción agropecuaria y en la manufactura fue relativamente menor. En esta última se destacó el caso de los frigoríficos, actividad donde junto con las inversiones británicas comenzó a aparecer el capital norteamericano (Swift, Armour). A fin de atraer al capital extranjero el Estado argentino ofrecía un interés mayor sobre los bonos emitidos que el que se podía obtener sobre los títulos europeos; por otra parte, garantizaba una rentabilidad del 7% sobre el capital invertido en algunas líneas ferroviarias, además de entregar, en ciertos casos, una franja de tierra aledaña al trazado. En el caso de los ferrocarriles, al capital inglés se le unió en menor medida el capital francés y la propia iniciativa del Estado nacional, lo que permitió alcanzar para 1914 una red de casi 34.000 kilómetros de extensión.

La evolución económica de la Argentina estuvo signada por las fluctuaciones económicas mundiales dada la estrecha dependencia que tenía el país con el mercado europeo tanto en la colocación de sus exportaciones como en la obtención de inversiones. El servicio por la deuda pública contraída por la Argentina sumado a las remesas al exterior por intereses y beneficios significaron una importante carga para la economía argentina (alrededor del 40% del valor de las exportaciones) que, sin embargo, pudo absorber merced al ingreso constante de nuevas inversiones y, fundamentalmente, al enorme dinamismo de su economía traducido en el crecimiento del volumen y del valor de sus exportaciones. La balanza comercial negativa, compensada por el ingreso de capitales, se invirtió desde fines del siglo XIX cuando las exportaciones superaron a las importaciones mientras que el flujo de capital continuó siendo favorable. Si bien las crisis periódicas del capitalismo como los cambios en la demanda y cotización de los bienes primarios influyeron decididamente, el crecimiento económico notable de la Argentina hizo que la

---

[17] Sobre los ciclos de inversión y la evolución y composición sectorial de las inversiones extranjeras, véase A. M. Regalsky, *Las inversiones extranjeras en la Argentina (1860-1914)*, Buenos Aires, CEAL, 1986.

confianza depositada en ella por los inversores extranjeros permitiera superar con relativa holgura los períodos de crisis.

La orientación agropecuaria de la economía argentina también tuvo decisiva influencia sobre el crecimiento y transformación del sector manufacturero. La industria, que se orientó a abastecer la demanda local, sufrió cambios sustanciales producto del aumento de la población, de los niveles de consumo y de la integración del mercado interno. En buena medida esta progresiva articulación fue operada por el ferrocarril que perjudicó algunas economías regionales hasta ese entonces protegidas por los altos costos de transporte que debían afrontar los productos importados y los elaborados en Buenos Aires. Al mismo tiempo, este proceso hizo florecer las industrias vitivinícola y azucarera que gozaron de protección aduanera. No sólo estas actividades fueron amparadas con respecto a la competencia externa sino también las curtiembres, la industria de confección, la del vidrio, fósforos y tabaco entre otras. Esto expresaba más que una política económica sujeta a rígidos principios doctrinarios, una que adoptaba medidas pragmáticas y coyunturales que atendían a razones económicas, fiscales y también políticas.

A fines de este período la industria alcanzó cerca del 25% del producto bruto interno. Las actividades industriales más importantes estuvieron vinculadas directamente con la producción agropecuaria. En primer lugar se destacaron la industria frigorífica, los molinos harineros y la producción de alimentos y bebidas en general; luego, los talleres metalúrgicos dedicados a la reparación de maquinaria agrícola y ferroviaria y las fábricas de bolsas para la producción cerealera. A su vez, el proceso de urbanización y el aumento de población favorecieron la industria de la construcción y la de bienes de consumo como la del vestido, tabaco, vidrio, papel y cuero. Pese a ello, la dependencia de productos manufacturados importados tanto de consumo (los textiles, por ejemplo) como de capital (maquinaria agrícola, material ferroviario) y de materias primas industriales (hilados, combustibles, hierro, acero, material de construcción) siguió siendo elevada. La industria argentina estaba pobremente integrada y empleaba, salvo excepciones, escasa mano de obra por unidad productiva.

La construcción de una nueva sociedad

a) El impacto inmigratorio

La inmigración masiva y el crecimiento vegetativo fueron las principales causas del aumento de la población. Los censos de 1869, 1895 y 1914 muestran que la población pasó de 1.730.000 habitantes a casi cuatro millones y a 7.880.000 habitantes en las fechas indicadas. Los inmigrantes tendieron a asentarse en la región económicamente más dinámica por lo que se acentuó aún más el peso demográfico de la zona del Litoral respecto del resto del país. Entre 1869 y 1914 esa región pasó a tener del 41% al 64% de la población total mientras que la de la región del centro y noroeste descendió de un 40% a un 22% aproximadamente[18]. Dentro de la zona del Litoral o pampeana se destacaron la provincia y la ciudad de Buenos Aires que para 1914 reunían el 46% de la población total y el 70% de los extranjeros. Fuera de ellas el crecimiento más significativo fue el de la provincia de Santa Fe y luego el de Córdoba, Tucumán y Mendoza. Otro proceso conexo fue el de urbanización que alcanzó al 52% de la población para 1914. A la creación de numerosos núcleos urbanos se le añadió el espectacular crecimiento de Buenos Aires y Rosario. En estas últimas se radicaron un número importante de inmigrantes debido tanto a las dificultades de inserción en el mundo rural como a las nuevas y diversas oportunidades que ofrecían las ciudades.

La demanda de trabajadores que el crecimiento económico exigía encontró respuesta en la inmigración. A partir de la década de 1880 el ingreso masivo de extranjeros coincidió con el crecimiento del flujo de emigrantes de las zonas mediterráneas y orientales europeas. La presión demográfica, los ciclos económicos negativos, sumados a las transformaciones agrícolas e industriales en diversas regiones europeas explican esa expulsión de mano de obra. A estas razones se le unieron las oportunidades de mejores salarios, menor costo de vida y mayor posibilidad de movilidad social que ofrecía la economía argentina, además de cierta cercanía cultural, idiomática y religiosa que hacía que muchos emigrantes prefirieran recalar en la Argentina antes que en otros destinos.

---

[18] E. J. A. Maeder, "Población e inmigración en la Argentina", en G. Ferrari y E. Gallo (comps.), *La Argentina del Ochenta al Centenario*, Buenos Aires, Sudamericana, 1980.

Entre 1880 y 1914 ingresaron unos cinco millones de extranjeros aunque aproximadamente la mitad de ellos retornaron a sus lugares de origen. Las fluctuaciones de los movimientos migratorios se adecuaron tanto a los factores expulsivos de Europa como a los altibajos de la economía argentina. Durante la década de 1880 la inmigración fue elevada para decaer a partir de la crisis de 1890. Desde mediados de esta década hubo un leve repunte pero sólo a partir de los primeros años del siglo XX se lograron superar todas las cifras de ingreso anteriores. El estallido de la Primera Guerra Mundial interrumpió este proceso.

Para 1914 los inmigrantes establecidos en la Argentina constituían casi el 30% de la población, porcentaje muy superior al de cualquier país receptor de mano de obra extranjera de la época. En la ciudad de Buenos Aires la población extranjera alcanzó el 50% y el porcentaje de inmigrantes dentro de la población masculina en edad de trabajar era aún más elevado[19].

La mayoría de los inmigrantes provinieron de regiones de Italia como Piamonte, Lombardía y el Véneto y, más tarde, de zonas meridionales como Sicilia y Calabria. De España, la mayoría provino de Galicia y en menor número de Asturias, Cataluña, País Vasco, Canarias y Andalucía. A italianos y españoles le siguieron en número los franceses, rusos, sirio-libaneses y de otras regiones del centro y del occidente europeo. A partir de 1880 ingresaron mayoritariamente italianos pero desde 1905 fueron superados por los españoles que en 1898 habían perdido las posesiones coloniales de Cuba y Filipinas como lugares de recepción. Para 1914 un 40% de los extranjeros era italiano y un 36% español.

El flujo migratorio también fue posibilitado por la caída del valor de los pasajes marítimos y, por un breve tiempo a fines de los '80, por la política del Estado argentino que instaló agencias de propaganda en el norte y centro de Europa y ofreció pasajes subsidiados. En algunos casos los inmigrantes llegaron a la Argentina a través de empresarios y agentes de inmigración locales y extranjeros pero, mayoritariamente, lo hicieron por su propia cuenta o mediante cadenas migratorias que se tendían a través del llamado de parientes, amigos y vecinos ya instalados en el país.

---

[19] En los primeros tiempos los inmigrantes declaraban como oficio mayoritariamente el de agricultor pero desde fines del siglo XIX aumentó la proporción de oficios urbanos, jornaleros y sin profesión. Los inmigrantes cubrieron las diversas ramas ocupacionales tanto en la producción de materias primas como en el comercio, la industria y los diversos servicios y trabajos artesanales, destacándose la gran proporción de extranjeros como propietarios de comercios e industrias.

Las medidas oficiales para favorecer la instalación de los inmigrantes se habían establecido ya con la ley de Inmigración y Colonización de 1876. Esta ley creó el Departamento General de Inmigración para estimular el ingreso de extranjeros. Se consideraba inmigrante a aquellos que viajaran en 2ª o 3ª clase o hubieran obtenido pasajes subsidiados. Se les otorgaba alojamiento y manutención durante cinco días en hoteles especialmente habilitados y se asumían los gastos que demandara el viaje hasta el lugar de empleo. Se habilitaba el ingreso libre de todo cargo de herramientas y artículos que correspondieran al oficio del inmigrante y otros enseres personales. Además, se creaba el Departamento de Tierras y Colonias que debería promover el acceso de los colonos a la tierra facilitándoles herramientas, semillas, animales y habitación a precios muy moderados. El proceso de colonización se había iniciado con anterioridad, especialmente en la provincia de Santa Fe que, junto con empresarios privados, había impulsado la instalación de colonias formadas por suizos, alemanes e italianos. En los años '80 algunos estados provinciales intentaron propulsar la colonización pero salvo el caso de Santa Fe no tuvieron gran éxito. También los terratenientes formaron colonias o centros agrícolas en sus propiedades bajo el sistema de arriendo o aparcería aprovechando los beneficios impositivos que otorgaba la ley de colonización, aunque sus resultados fueron escasos. El Estado, pese a las intenciones expresadas en la legislación, no favoreció la constitución de una clase de pequeños y medianos propietarios rurales. A la falta de controles de lo estipulado por la ley de 1876 y sucesivas disposiciones se sumó que la tierra pública fue ofertada en grandes lotes que impidieron a los productores rurales acceder a ellas.

La integración social del inmigrante fue lográndose a diferentes ritmos y con modalidades diversas. El mismo paso del tiempo hizo que esos inmigrantes y sus hijos tuvieran un grado de integración social cada vez mayor, reforzado también por un importante proceso de movilidad social. A ello se sumó una fuerte composición masculina de los inmigrantes (cerca del 65%) que limitó las prácticas endogámicas. No obstante, perduraron ciertas estrategias y espacios que preservaron la identidad de algunas comunidades a través de pautas matrimoniales, escuelas, mutuales, asociaciones culturales y la prensa. El análisis que tendía a enfatizar la progresiva fusión de esas identidades bajo el concepto de "crisol de razas" ha sido reexaminado por la perspectiva que resalta un proceso con matices y ritmos diferenciales en el que se rescata cierta pluralidad cultural mantenida en el tiempo[20].

La inserción política de los inmigrantes fue mucho más problemática. Por lo general, se ha resaltado el hecho de que los inmigrantes no se naturalizaron, aunque el porqué de esta actitud ha recibido diversas explicaciones. Unas han hecho hincapié en la escasa voluntad de la dirigencia argentina por promover una mayor participación política de esos sectores; otras han destacado el desinterés de los inmigrantes por la participación política. Ello se habría debido tanto a su propia inexperiencia de origen, como a la transitoriedad de su paso por el país, como por la consideración de provenir de una cultura superior a la sociedad receptora. Por otra parte, se ha argumentado que en un país donde el inmigrante (en muchas zonas y actividades mayoritario) tenía la posibilidad de ejercer plenamente sus derechos con excepción del de sufragar, era preferible mantener la nacionalidad de origen y la protección de los cónsules frente a la posible arbitrariedad de las autoridades argentinas. Más allá de la pertinencia de cada una de estas explicaciones, la importancia de la actividad política y específicamente de ejercer el derecho al voto estuvo presente en los debates y propuestas realizados por la dirigencia de diversas colectividades. Aunque existía el temor de que la participación política a través del sufragio derivara en enfrentamientos internos, algunos dirigentes extranjeros plantearon la posibilidad de una naturalización sin que se perdiera la nacionalidad de origen. Por otra parte, además de participar en las elecciones municipales cuando temporalmente fue aceptado el voto de los extranjeros, éstos encontraron múltiples canales de intervención más allá del sufragio a través de organizaciones (étnicas o no) culturales, cámaras empresariales, sindicatos, mutuales, prensa e incluso en actos y levantamientos armados en apoyo de determinadas fuerzas políticas.

El fenómeno inmigratorio propugnado décadas atrás por Juan B. Alberdi y Domingo F. Sarmiento y ahora hecho realidad, generó diversas reacciones por parte de la sociedad y de sus dirigentes. Si se había reconocido como sustancial el aporte de los extranjeros para el progreso del país, la oleada inmigratoria provocó diversos interrogantes y apreciaciones sobre los efectos de

---

[20] Acerca de las diversas perspectivas analíticas sobre el proceso de integración y otras cuestiones historiográficas sobre la inmigración en la Argentina, véase F. J. Devoto, *Movimientos migratorios: historiografía y problemas*, Buenos Aires, CEAL, 1992.

su presencia[21]. La literatura ensayística y ficcional acerca del fenómeno inmigratorio fue abundante y en numerosos casos como los de Miguel Cané, Eugenio Cambaceres, Santiago Calzadilla y Julián Martel se destacaron los aspectos más oscuros de esos nuevos pobladores: su materialismo y cosmopolitismo, la avaricia, la brutalidad, su carácter advenedizo y su falta de deferencia con los sectores sociales respetables. Otros autores como José M. Ramos Mejía y Ricardo Rojas alertaron sobre los peligros que acechaban a una sociedad que parecía haber roto con sus raíces y buscaron en la educación la forma de reforzar los valores argentinos y de homogeneizar a los integrantes de la nueva sociedad que surgía. Juan B. Justo, por su parte, reconocía el aporte inmigratorio pero le reclamaba su naturalización como forma de asumir las obligaciones de todo ciudadano con el país y de defender sus derechos frente a una oligarquía rapaz.

Otros autores denunciaban las lacras que acompañaban al proceso inmigratorio y de urbanización, como las deplorables condiciones higiénicas y de vivienda, la criminalidad creciente, la prostitución y la mendicidad. Por último, pero para muchos lo más novedoso y que entrañaba un inaceptable atentado contra la armonía reinante en la Argentina hasta poco tiempo atrás, se señalaba con alarma el conflicto social cada vez más agudo del que los extranjeros aparecían como responsables.

b) *El mundo urbano*

Como se indicó, tanto el crecimiento económico como el demográfico transformaron radicalmente la estructura social del país significativamente en la región del Litoral. En las grandes ciudades como Buenos Aires y Rosario el crecimiento del sector secundario y especialmente del terciario dio lugar a una economía más diversificada. Ello posibilitó un proceso de movilidad social ascendente de cierta envergadura al renovarse la estructura ocupacional. Este proceso de movilidad intra e intergeneracional afectó a importantes sectores de la población aunque otros tantos no vieron cambios significativos en

---

[21] La evolución del pensamiento de la dirigencia argentina sobre la inmigración del período puede encontrarse en T. Halperín Donghi, "¿Para qué la inmigración?, en *El espejo de la historia. Problemas argentinos y perspectivas latinoamericanas*, Buenos Aires, Sudamericana, 1987.

su posición social, la empeoraron o debieron volver a sus lugares de origen en el caso de los inmigrantes.

La urbanización ofreció nuevas oportunidades al demandar bienes y servicios tanto del sector privado como del público. En el caso de Buenos Aires que pasó de 180.000 habitantes en 1869 a 1.575.000 habitantes en 1914, o el de Rosario cuya población creció diez veces en el mismo período, la necesidad de nuevas prestaciones para satisfacer a su población y la correlativa ampliación de las funciones asumidas por el Estado generaron un número creciente de comerciantes, industriales, profesionales, empleados administrativos, maestros y funcionarios públicos.

Estos grupos medios consolidaron su posición por las nuevas oportunidades económicas y por incorporarse plenamente al proceso de alfabetización que impulsado desde la escuela pública permitió el acceso a ocupaciones más calificadas y mejor remuneradas. El índice de analfabetismo cayó sustancialmente de un 78% a un 35% entre 1869 y 1914, aunque existían grandes disparidades entre el Litoral y las grandes ciudades respecto de otras regiones del país. La difusión de la instrucción pública tuvo su correlato en la gran oferta de diarios y periódicos de significativas tiradas (muchos en idiomas extranjeros) y de revistas como *Mundo Argentino*, *Fray Mocho* y *Caras y Caretas*.

La modernización económica y la urbanización permitieron a los sectores medios aspirar y en muchos casos alcanzar, el disfrute de bienes culturales y de mejores niveles de confort y consumo. No sólo fue posible la instrucción básica sino también el acceso a estudios secundarios como el magisterio y en algunos casos a las carreras universitarias. Se difundieron también nuevos usos del tiempo libre que la reconfiguración de una ciudad como la de Buenos Aires permitió aprovechar: los paseos por los parques públicos, el recorrido por avenidas y calles como Florida y la Avenida de Mayo donde las tiendas ofrecían todo tipo de novedad, los clubes, los cafés, billares y restaurantes, los espectáculos teatrales, el circo, el fútbol y el hipódromo[22].

---

[22] Merece destacarse la extraordinaria transformación que sufrieron la ciudad de Buenos Aires y otras en menor medida. El Estado participó activamente en la expansión y articulación de los espacios y servicios urbanos a través de la construcción del puerto, grandes avenidas, parques y paseos, escuelas, hospitales, bancos, cementerios, cárceles, etc. En Buenos Aires se destacaron construcciones arquitectónicas que reflejaban la era de bonanza: el teatro Colón, los Palacios de Justicia y de Correos, el Congreso Nacional y la Biblioteca Nacional. J. F. Liernur, "La construcción del país urbano", en M. Z. Lobato (dir.), *op. cit.*

Los sectores medios constituyeron así parte importante de una sociedad de consumo que se fue delineando en los primeros años del siglo XX. Un ingreso per cápita respetable hizo que se ampliara la demanda de bienes locales e importados por las exigencias de la misma vida urbana y en parte como copia del consumo de los grupos de elite. Ello fue acompañado con la aparición de nuevas formas de captar la atención (y el dinero) del público como las vidrieras de las grandes tiendas, la propaganda y el crédito que empezaban a crear un nuevo tipo de consumidor.

La expansión de las actividades manufactureras y terciarias también requirió un creciente número de operarios. Un porcentaje importante de esta mano de obra se concentró principalmente en Buenos Aires y en Rosario y luego en otros centros urbanos como Córdoba, Tucumán, Mendoza, La Plata y Bahía Blanca. El notable crecimiento de la población generó la aparición de nuevos barrios frente a la demanda de vivienda. Pese a ello, los habitantes menos afortunados tuvieron que alojarse en viejos edificios apenas acondicionados e incluso en unidades nuevas pero construidas precariamente. El hacinamiento, la falta de servicios sanitarios adecuados y los alquileres elevados fueron motivo de preocupación de ciertos sectores dirigentes y de la prensa, pero hubo pocas soluciones frente al encarecimiento de la propiedad urbana y la consiguiente especulación inmobiliaria. En 1907 la preocupante situación quedó reflejada en la "huelga de inquilinos" en Buenos Aires y otras ciudades, por la que se reclamaba la reducción de los alquileres y mejoras edilicias.

c) *El mundo obrero: conflictos y respuestas del Estado*

En este período las actividades económicas en los centros urbanos cobraron una dimensión y complejidad impensada pocos años atrás. Coexistían diversos tipos de empresas como de relaciones laborales. En los primeros tiempos predominaron los talleres semiartesanales donde el propietario, en muchos casos un trabajador que se había independizado recientemente, utilizaba mano de obra familiar y contrataba unos pocos operarios con los que trabajaba a la par. Estas unidades coexistían con industrias de organización y técnicas más complejas como los frigoríficos, que empleaban a cientos de obreros. Las actividades que reunían un mayor número de obreros y empleados eran aquéllas vinculadas con la producción, transporte y exportación de bienes agropecuarios como los puertos, ferrocarriles y frigoríficos. También eran significativas la construcción y el comercio y el transporte urbano (conductores de carros y tranviarios). A las industrias de cierta envergadura como las de alimentos y bebidas se les unían un número importante de talleres de confección, metalúrgicos, gráficos, textiles, carpinterías, herrerías y panaderías.

Desde fines de la década de 1880 esa masa creciente y heterogénea de trabajadores comenzó a movilizarse y a organizarse con mayor sistematicidad que en años anteriores. Ello respondía en buena medida al proceso de concentración económica, al cambio en las relaciones entre patrones y trabajadores que ello suponía y al gran flujo de mano de obra extranjera que se incorporó a la producción y que permitió endurecer las condiciones de trabajo[23].

Las demandas de los trabajadores urbanos se hicieron oír con intensidad a partir de la primera década del siglo XX a través de numerosas huelgas (varias generales) que afectaron a diversos sectores económicos. Las reivindicaciones apuntaron a la reducción de la jornada laboral a ocho horas diarias y a diversos aspectos desde los salariales hasta aquellos relativos a la seguridad y a la salud. Las organizaciones obreras se concentraron en denunciar las paupérrimas condiciones en que los obreros desempeñaban su trabajo y bregaron por una legislación que amparase el derecho al descanso dominical y a un ámbito laboral higiénico, que aboliera el trabajo nocturno y a destajo, que reglamentara el de mujeres y niños[24] y el trabajo domiciliario, que estableciera la protección frente a los accidentes de trabajo; además, se luchaba contra los reglamentos que instituían multas que enflaquecían los salarios y contra la confección de certificados de conducta y listas negras. Otras huelgas y manifestaciones estaban motivadas por cuestiones de solidaridad con obreros en conflicto o despedidos, por el reconocimiento del sindicato y

---

[23] Un análisis sobre las condiciones de trabajo y las relaciones entre patrones, trabajadores y Estado se puede encontrar en R. Falcón, *El mundo del trabajo urbano (1890-1914)*, Buenos Aires, CEAL, 1986.

[24] El trabajo femenino era importante en la rama textil y de confección (domiciliario), en lavanderías, talleres de planchado, fábricas de fósforos y cigarrillos y en el servicio doméstico. El trabajo infantil estaba extendido en los talleres de costura y confección, fábricas de cigarrillos, bolsas y vidrio, en la construcción y en mensajerías y lavanderías.

contra la ley de Residencia. Las denuncias de las asociaciones obreras sobre las largas jornadas de trabajo, la falta de un adecuado salario, descanso, condiciones higiénicas y protección legal fueron constatadas por informes como el de Juan Bialet Massé sobre la situación de los obreros del interior del país, el de Pablo Storni sobre los trabajadores de la Capital Federal e incluso en los informes tanto del Departamento Nacional del Trabajo como del de Higiene.

La "cuestión social" como se la llamó para la época, empujó a la dirigencia a adoptar ciertas respuestas a unas demandas que eran acompañadas ahora por acciones reivindicativas cada vez más amenazantes. Hasta fines del siglo XIX la actitud del Estado ante los conflictos entre la patronal y los trabajadores había sido relativamente prescindente. Cuando la dimensión de los conflictos adquirió una mayor repercusión social e impacto económico esta posición fue virando. El Estado apeló a la represión mediante las fuerzas de seguridad, el estado de sitio y medidas legislativas como la ley de Residencia (1902) y la de Defensa Social (1910). Estas últimas buscaron castigar a quienes amenazaban el orden social, mediante la deportación de los extranjeros, la aplicación de duras penas (incluida la pena capital) a aquellos considerados culpables y criminalizando a los trabajadores que reivindicaban el ideario anarquista.

La represión no fue la única respuesta del régimen a la reclamación obrera. A principios de siglo existieron tentativas de regulación de las relaciones entre la patronal y los obreros. En 1904 Joaquín V. González, ministro del Interior del presidente Roca, presentó al Congreso un proyecto de Código de Trabajo que finalmente no fue aprobado. El proyecto concitó el rechazo de los anarquistas y buena parte de los socialistas y también de la Unión Industrial Argentina. Los anarquistas rechazaban de plano toda injerencia del Estado en las cuestiones laborales. Además, se oponían a los aspectos represivos del código que limitaban la actividad sindical y el derecho a la huelga. Los socialistas (algunos habían participado en su redacción) se dividieron entre los que defendían la incorporación de normas relativas al contrato, la jornada y las condiciones de trabajo y aquellos que cuestionaban los aspectos limitativos y de control de la acción gremial. Por su parte, la Unión Industrial Argentina rechazaba la mayoría de las regulaciones que beneficiaban a los trabajadores.

Otra medida fue la creación en 1907 del Departamento Nacional del Trabajo, que tuvo cierta importancia en la recopilación de datos sobre el mundo laboral e intentó establecer algunos mecanismos de arbitraje en las relaciones de trabajo. Por otra parte, el Congreso sancionó leyes relativas al descanso dominical, al trabajo femenino e infantil y a los accidentes de trabajo, aunque es dudoso que se controlara eficazmente su observancia. También se aprobaron algunas leyes que disponían fondos para la construcción de barrios obreros[25].

d) Las organizaciones obreras

Las luchas obreras se canalizaron a través de múltiples organizaciones que respondían a la diversidad de las tradiciones y experiencias que confluían en el mundo del trabajo. El movimiento obrero tuvo un fuerte componente inmigrante aunque hacia 1916 la participación de los nativos había aumentado. Las asociaciones obreras como las de ayuda mutua (que atendían el desempleo, pensiones, entierros), los sindicatos, las bolsas de trabajo, las cooperativas y las agrupaciones culturales estuvieron caracterizadas por esa heterogeneidad que signó al movimiento obrero en sus orígenes. Diferentes corrientes ideológicas influyeron en los principios y en las formas de organización y acción de las asociaciones obreras, lo que no favoreció la constitución de un movimiento obrero con mayor capacidad de lucha y de resistencia a la ofensiva estatal y patronal.

Para esta época, las sociedades gremiales estaban organizadas por oficio (y no por rama industrial), eran de carácter voluntario y sus dirigentes eran activistas sindicales que no recibían remuneración alguna por sus funciones. El número de sindicatos y afiliados tuvo una gran fluctuación en los primeros momentos; dada la precariedad de su organización eran altamente inestables y su crecimiento ocurría en las épocas de agitación obrera para luego decrecer como resultado del fin de los conflictos o de la represión desatada. No obstante, si bien el número de afiliados es difícil de precisar –aunque posiblemente fuera bajo– en diversas ocasiones los sindicatos lograron movilizar un número elevado de trabajadores que excedía al de sus integrantes.

---

[25] Uno de los problemas más agudos del proceso de urbanización fue el de la vivienda. La vida de inmigrantes y nativos en los conventillos quedó ampliamente reflejada en la literatura. Pese a diversos intentos legislativos de dar una solución al problema, la vivienda popular se desarrolló a través de la autoconstrucción obrera. En el campo cooperativo el logro más importante del socialismo fue justamente en el tema de la vivienda con la creación de la Cooperativa El Hogar Obrero en 1905.

Anarquistas, socialistas y católicos[26] y más tarde la corriente sindicalista revolucionaria lucharon entre sí para captar a los trabajadores y aunque hubo intentos de unidad todos ellos fracasaron rápidamente. Uno de los primeros ocurrió en 1901 con la creación de la Federación Obrera Argentina (F.O.A.) que nucleó a anarquistas y socialistas con la pretensión de mantener su autonomía alejada de toda influencia política. Sin embargo, la unidad duró poco tiempo y en 1903 los socialistas fundaron la Unión General de Trabajadores aunque sin tener una dependencia operativa con el partido. A partir de 1905 en esta organización predominó el llamado "sindicalismo revolucionario" que rechazaba la vía de acción parlamentaria y ponía el acento en el sindicato como unidad gestora de la conciencia proletaria y como organización básica de la sociedad futura; esta corriente fundó en 1909 la Confederación Obrera Regional Argentina (C.O.R.A.).

En 1904, mientras tanto, la F.O.A. se convirtió en la Federación Obrera Regional Argentina (F.O.R.A.) adoptando en su V Congreso los principios del comunismo anárquico. En 1915 la F.O.R.A. fue controlada por los sectores sindicalistas (F.O.R.A. del IX Congreso) que se habían incorporado poco antes. Los sindicalistas rechazaron cualquier definición ideológica y desplazaron a los anarquistas que formaron la F.O.R.A. del V Congreso. A partir de allí la corriente sindicalista tuvo una posición relevante en la conducción del movimiento obrero argentino. Ello se debió a la declinación que sufrió el anarquismo a partir de la represión de la que fue objeto a partir de 1910 y también a una actitud más pragmática y de menor definición ideológica de la corriente sindicalista. Ésta, pese a postular como el anarquismo la huelga general y rechazar la subordinación de la actividad sindical a los partidos políticos, reconocía que éstos y el Estado podían adoptar estrategias y medidas que beneficiaran al movimiento obrero. Bajo el gobierno de Yrigoyen se abrió parcialmente un espacio de negociación que así favoreció el accionar de la corriente sindicalista.

Todas estas tendencias postulaban principios ideológicos y mecanismos de organización y de resistencia en buena medida incompatibles entre sí. El

---

[26] Los Círculos de Obreros Católicos fueron impulsados por el padre Pedro E. Grotte pero tuvieron escaso peso dentro del movimiento obrero. También existían numerosos sindicatos de base autónomos que trataban de mantener su unidad alejándose de la confrontación entre anarquistas y socialistas.

socialismo, por ejemplo, puso un mayor énfasis en la organización del partido y en una acción parlamentaria dedicada a obtener mejoras progresivas en las condiciones laborales y de vida de los trabajadores. Además buscaba proteger los intereses de los consumidores a través de una reforma del sistema fiscal, la estabilidad de la moneda y una política económica librecambista. La prédica socialista en materia obrera, difundida a través del diario *La Vanguardia*, apuntó a la instauración de la jornada de ocho horas, la reglamentación del trabajo en general y del femenino e infantil en particular, el descanso semanal, la seguridad e higiene en los lugares de trabajo, la disminución de los impuestos al consumo y la fijación de un salario mínimo. Frente al conflicto social el Partido Socialista tenía una posición más moderada que lo llevaba a rechazar los métodos violentos e insurreccionales que podía proponer el anarquismo. Los socialistas se inclinaban por huelgas parciales que apuntaran a lograr ventajas concretas a los trabajadores de determinada actividad y no por la huelga general mediante la cual los anarquistas intentaban socavar el sistema de dominación.

La relación del socialismo con los gremios fue compleja. A diferencia de las otras corrientes dentro del movimiento obrero que otorgaban primacía a la actividad sindical, buena parte de la dirigencia socialista creía que ésta era una más entre las vías de acción para integrar y concientizar a los trabajadores. El socialismo ampliaba su esfera de acción al campo político, cooperativo y cultural. Por otra parte, la todavía débil estructura sindical conspiraba contra la idea de hacer del sindicalismo la columna vertebral del socialismo. Así, el socialismo no tuvo una relación orgánica estable con los sindicatos y se vio tironeado entre la primacía otorgada por su dirigencia a la vía política y parlamentaria y la exigencia de llevar adelante una política obrerista y gremial por una parte de sus militantes. Estas tensiones internas llevaron al debilitamiento de su presencia en los sindicatos a favor del anarquismo y del sindicalismo revolucionario.

Dentro del movimiento obrero el anarquismo fue la corriente que tuvo el mayor peso en la organización y conducción de los sindicatos desde fines del siglo XIX hasta los primeros años de la década de 1910. Dentro del anarquismo se terminaron imponiendo los llamados "organizadores" sobre aquellos grupos que apelaban a la acción individual y al voluntarismo y espontaneísmo de la acción proletaria. El sector triunfante se apoyó en la organización sindical ("anarcosindicalismo") como base para la lucha por la emancipación de los explotados y la destrucción del Estado capitalista en el que veían un instrumento de sojuzgamiento en manos de la burguesía. El anarquismo rechazaba la estrategia socialista ya que entendía que la acción política y parlamentaria tenía necesariamente un carácter delegatorio –que llevaba a la pérdida de la libertad política del individuo– y un cariz reformista que desviaba a los obreros del verdadero camino revolucionario[27]. El objetivo final era, destruido el Estado, la creación de una sociedad sin explotadores ni explotados integrada por la federación libre de productores que se articularía voluntariamente desde el ámbito local al nacional y de allí –suprimidas las fronteras– a uno internacional en el cual se alcanzaría la libertad y la emancipación social.

Durante la primera década del siglo XX los anarquistas encabezaron los principales conflictos obreros en Buenos Aires y Rosario donde el anarquismo no sólo tenía presencia en las actividades artesanales (panaderos, albañiles, sastres) sino también comenzaba a pesar en organizaciones obreras de mayor envergadura como las que nucleaban a los portuarios y conductores de carros. Esos años estuvieron caracterizados por la utilización de la huelga general de carácter insurreccional (aunque también el anarquismo reivindicaba las huelgas parciales) que apelaba a la acción solidaria de los trabajadores y por algunas acciones violentas de gran efecto como el asesinato del jefe de policía coronel Ramón L. Falcón (1909) y finalmente el atentado en el Teatro Colón en el marco de las celebraciones por el Centenario de la Revolución de Mayo.

En un mundo obrero donde el desarraigo, la marginación política, la represión y las duras condiciones de trabajo predominaban, el anarquismo tuvo éxito con su prédica antiestatista y antipolítica. A la lucha sindical el anarquismo le incorporaba la denuncia contra el autoritarismo imperante en defensa de la libertad de los oprimidos fueran éstos obreros, marginados, mujeres, inquilinos o intelectuales. Su prédica era vehiculizada a tavés de una fuerte actividad propagandística mediante la prensa (*La Protesta*), los círculos de estudio y culturales, las conferencias, los grupos de teatro y musicales. Las dificultades para encontrar estrategias en común con otras corrientes del movimiento obrero fueron aislándolo. Por otra parte, su rechazo a toda

---

[27] La negación a conformar un partido político obrero y de ejercer el derecho de sufragar hizo que el anarquismo no tuviera preocupación alguna por la naturalización de los extranjeros.

negociación con el Estado le llevó a sufrir una represión sistemática. Cuando el gobierno de Yrigoyen abrió un espacio de diálogo, la posición antiestatista del anarquismo le impidió comprender que las relaciones entre el Estado y los trabajadores iniciaban una nueva etapa.

El Centenario y el reformismo liberal

En 1910, la celebración del Centenario de la Revolución de Mayo se convirtió en un verdadero hito del éxito en el que parecía culminar la paciente siembra de varias generaciones de argentinos e inmigrantes. En una importante proporción se cumplían los proyectos que con sus diferencias conceptuales e instrumentales habían esbozado hombres como Sarmiento, Alberdi y Mitre. El suceso de esta apartada nación sudamericana la convirtió en objeto de estudio y destino viajero de renombradas figuras intelectuales y políticas del Viejo Mundo, como George Clemenceau, Enrico Ferri y miembros de las casas reales europeas.

Pese a que para esta época un pujante crecimiento económico acompañado por una sociedad en proceso de modernización confirmaba muchas de las expectativas que años antes se habían depositado en la Argentina, no era posible desconocer los desequilibrios económicos, sociales y regionales existentes que recrudecerían cuando los cambios operados en el mundo afectaran negativamente al país y mostraran los límites de aquel proceso.

Es en este contexto en el que se gestó el ya mencionado camino de democratización electoral. La inestabilidad política y los desafíos que proponía una nueva sociedad en gestación llevaron a un grupo de la elite dirigente –encabezado por Carlos Pellegrini– a entender que era necesario ampliar las bases del Estado y dotar al gobierno de una mayor legitimidad. Más tarde, los presidentes José Figueroa Alcorta y Roque Saenz Peña iniciaron una serie de acciones destinadas a reformar las bases electorales del sistema político argentino. El reformismo liberal, que ya había dado algunas respuestas a la cuestión social, intentó con la ley electoral de 1912 llevar adelante un proceso de regeneración político-institucional que consideraba inevitable. Como consecuencia de éste la U.C.R., un cuarto de siglo después de fundada, llevaba al triunfo en las elecciones presidenciales a su candidato Hipólito Yrigoyen abriéndose así una nueva etapa –no sólo política– en la historia argentina.

CAPITULO III

1916-1930: democracia, conflicto y movilidad social

Aníbal Jáuregui
(UNLU)

La Primera Guerra y la nueva percepción de la realidad social

La Guerra de 1914-1918 (o la Gran Guerra como se la supo llamar hasta 1939) puso término a una larga etapa de relaciones internacionales pacíficas que, aunque no exenta de tensiones entre las grandes potencias, fue el marco adecuado para un hasta entonces inédito desarrollo de la economía, de la urbanización, del cambio tecnológico y científico, junto a una notable movilidad social. El impacto de la guerra fue sentido en todas las regiones del mundo y alteró en forma sustancial la convicción universalmente compartida de que el Progreso humano era inevitable y de que la libertad era el medio para que ese Progreso llegara. Provocó además una larga secuela de luchas sociales de envergadura y generó la decadencia de la influencia universal de los países europeos.

El liberalismo político y económico fue puesto en discusión en todo el mundo, al evidenciarse la hecatombe del orden internacional con el que estaba relacionado. Ello arrastró tanto al sistema representativo, la división de poderes y el parlamentarismo como al capitalismo de libre competencia como sistema proveedor de bienes y servicios.

Con la ocurrencia de estos fenómenos colaboró sin duda la Revolución Rusa de 1917. Nacida del fondo de la guerra, ella liquidaba una fallida y breve tentativa de construir una Rusia a la manera occidental, capitalista y liberal, iniciada en febrero de ese año. La Revolución dirigida por Lenin abrió un ciclo histórico en el que el socialismo ya no era un mero sueño sino una utopía real y por lo tanto perfectible[28]. Ciertos movimientos de izquierda occidentales vieron en Rusia un modelo alternativo al capitalismo liberal y sintieron que la Revolución estaba al alcance de la mano.

El influjo proveniente del Octubre ruso y los propios conflictos sociales de la posguerra llevaron a una oleada de agitación obrera y tentativas revolucionarias, especialmente en Europa Central, en la que las demandas inmediatas de mejoras estaban acompañadas por aspiraciones a la toma del poder y al cambio social.

Este movimiento fue acompañado por otro que a pesar de sus diferencias tenía en común el rechazo a la izquierda y a la revolución. De una parte se encontraban las reacciones de tipo nacionalista y autoritario cuyo caso más notable fue el que surgió en una de las Madres Patrias argentinas, Italia. Allí el fascismo y su duce Benito Mussolini se habían apoderado en 1922 del gobierno, conformando un régimen de partido único que pronto eliminó la lucha política, las huelgas y manifestaciones de descontento y que pareció suprimir así los desgarramientos sociales que tanto afligían a la Italia de posguerra. Un Estado fuerte, autoritario y represivo provocó una inclusión controlada de los sectores populares, alcanzando un consenso favorable mediante la movilización de sus seguidores, los famosos "Camisas Negras". A pesar de que el fascismo contenía ciertos componentes anticapitalistas, para muchos Mussolini había encontrado una fórmula válida para resolver las disidencias y las fracturas que amenazaban a las sociedades occidentales, venciendo la inoperancia de la política tradicional.

Otra modalidad de reacción contra las tendencias reformistas y revolucionarias tuvo lugar en los Estados Unidos, país que representaba lo más avanzado del capitalismo central. Aquí, la reacción contra la amenaza revolucionaria se presentaría de forma no contaminada de elementos movilizadores y populistas, presentes en el fascismo. La persecución a los extranjeros poseedores de una ideología "peligrosa" fue tomada por los propios poderes públicos sin modificaciones institucionales, apelando a la arbitrariedad, como el injusto juicio y condena a muerte de dos anarquistas italianos (Sacco y Vanzetti), y a la represión policial.

---

[28] Era imposible saber entonces que la construcción del socialismo acabaría en la sangrienta dictadura stalinista, tan alejada de los sueños de los fundadores.

En la Argentina estos movimientos tuvieron una repercusión especial considerando la mayoritaria raigambre europea. El contacto comercial, humano y cultural con el Viejo Mundo creaba una correa de transmisión directa. Por ello, las clases dirigentes argentinas sintieron más directamente el impacto de las convulsiones del Viejo Mundo como el anuncio de un peligro inminente para la paz social. El nombre que le puso al movimiento que la amenazaba fue el de "maximalismo", un término que denominaba a todos aquellos que, en oposición a las instituciones vigentes, aspiraban a transformar la sociedad. Tras la pausa provocada por la guerra, se incrementaron los temores de los partidarios del orden establecido en torno de las posibilidades de estallidos sociales.

Las influencias del contexto externo más la continuidad de las luchas de los trabajadores iniciadas a comienzos del siglo XX confluyeron con el cambio de régimen político, propiciado por la Ley electoral de 1912 del presidente Roque Saénz Peña, para crear un escenario inédito en el país de conflictos y de disidencias.

La democracia política

a) *Los nuevos mecanismos políticos y la hegemonía política de la UCR*

El período que estamos estudiando estuvo teñido por la hegemonía política de la Unión Cívica Radical aunque nadie hubiera previsto tal cosa en 1916. En efecto, las transformaciones institucionales generadas por aquella norma electoral abrieron las puertas del gobierno a la Unión Cívica Radical, un partido que desde fines del siglo anterior había oscilado entre la abstención política y la conspiración militar. El radicalismo trajo a la realidad el programa explícito de la citada norma: que las instituciones de la nación se rigieran por el sufragio universal masculino, siguiendo una corriente de aspiraciones difundidas en todo el mundo aunque sólo todavía parcialmente concretadas en algunos países. Alcanzaba la presidencia en 1916, llevando a Hipólito Yrigoyen, jefe del aparato radical cuya popularidad había venido en ascenso. Durante su asunción se pudo presenciar el espectáculo inusual de una multitud que lo vivaba y que, desenganchando los caballos, arrastraba su carruaje para entrarlo triunfante a la Casa de Gobierno.

La dirección impresa por el nuevo gobierno estaba determinada por una particular concepción. Yrigoyen concebía al partido que conducía como un movimiento que expresaba a la nación misma, la "causa", mientras que los conservadores y sus aliados eran el "régimen", las formas políticas tradicionales, identificadas por el fraude y la manipulación de los derechos ciudadanos. Esta concepción polarizada de la política y del gobierno iba a generar enormes dificultades para alcanzar acuerdos entre los distintos partidos que integraban el sistema político. Este hecho quedaría evidenciado en las malas relaciones que el Poder Ejecutivo tuvo con el Parlamento y con las provincias, cuando en ellas se encontraba un sector opositor a su gobierno. Como consecuencia de esta visión, aunque también de irregularidades diversas en las provincias, fueron frecuentes (veinte en este período) las intervenciones federales, que afectaron a todas ellas con excepción de Santa Fe, y de las que sólo cinco lo fueron por ley del Congreso.

La concepción movimientista consolidó el presidencialismo del sistema político ya presente en el régimen conservador, cuyos partidarios ahora en la oposición olvidarían sus prácticas del pasado para defender el sistema republicano y federal. El refuerzo de la autoridad del Poder Ejecutivo Nacional fue considerado además como una herramienta útil para atender a las dificultades económicas y sociales ocasionadas por la guerra y sus secuelas.

En 1922, después de seis años en el gobierno, la U.C.R. se había convertido en una verdadera máquina partidaria con sólido arraigo en todo el país, habiendo vencido las elecciones para la renovación de mandatos de 1918 y de 1920. La superación de la crisis económica mundial creaba condiciones favorables para el oficialismo. La definición del candidato partidario demostraría las luchas internas de la UCR, dada la imposibilidad constitucional de la reelección de Yrigoyen. La oposición interna se lanzó a la carrera presidencial. Circulaban las fórmulas de Vicente Gallo-Arturo Goyeneche y la de Miguel Laurencena-Carlos F. Melo, desafectos de la Casa Rosada. Pero la influencia presidencial hizo que se impusiera el nombre de alguien alejado del país y de la vida interna partidaria, el embajador argentino en Francia, Marcelo T. de Alvear. El candidato oficialista triunfaría fácilmente en las elecciones de abril para el período 1922-28, consolidando la hegemonía radical de toda la década.

b) *La presidencia de Alvear y el retorno de Yrigoyen*

La presidencia de Alvear coincidió con un período de expansión económica que facilitaría la paz social tan anhelada durante los años previos. Debilitada la oposición de los otros partidos, la lucha por el poder se internalizó dentro de la UCR, cuando se hizo inocultable la división entre los partidarios de Yrigoyen, denominados "personalistas" y los opositores al caudillo, los llamados "antipersonalistas". Aunque éstos contaban con cierta simpatía de Alvear, éste nunca rompió con quien había facilitado su elección como presidente. Ello llevó a que los disidentes se alejaran del partido para conformar su propia organización, la Unión Cívica Radical Antipersonalista.

Al finalizar el período de gobierno de Alvear, Yrigoyen volvió a ser candidato presidencial del partido oficialista. Los antipersonalistas, que se transformaron en el más importante escollo para la pretensión del ex presidente a un segundo mandato, levantaron la fórmula de dos de sus más representativos líderes, Leopoldo Melo y José Carmelo Gallo. Aunque tuvieron el apoyo de los conservadores y de otros partidos opositores, fueron ampliamente derrotados por Yrigoyen quien alcanzó un rotundo triunfo con casi el 60% de los votos. Estos guarismos tienen mayor relevancia si consideramos que la masa de electores participantes había sido muy superior a la de 1922.

La campaña electoral y en parte la misma gestión presidencial estuvo permeada por la cuestión petrolera. En efecto, Yrigoyen postulaba la necesidad de que YPF monopolizara la extracción y la destilación del combustible. Para ello, ya en el gobierno envió un proyecto al Parlamento que, para ser aprobado, debía asegurarse una mayoría parlamentaria. El gobierno intentó por distintos medios obtener dicha mayoría pero no lo consiguió. Como prueba de esto el Senado no trató la ley de hidrocarburos[29].

Los manejos discrecionales del yrigoyenismo y la ausencia de vocación democrática de la oposición, sumando a que se comenzaban a percibir los efectos de la crisis mundial en 1929, fueron llevando a un ahondamiento de la lucha política. Ésta llegó a un punto de ruptura con las malas noticias económicas y sus efectos recesivos. Como el Estado disponía de menores recursos (éstos provenían del comercio exterior) y no podía endeudarse más,

---

[29] K. Solberg, *Petróleo y nacionalismo en la Argentina*, Buenos Aires Hyspamérica, 1982.

debió reducir salarios de empleados públicos y hubo despidos. La situación económica tuvo sus efectos electorales aunque no tan marcados como podría esperarse. En los comicios para renovar mandatos de diputados nacionales de marzo de 1930, la oposición encarnada principalmente en el Partido Socialista Independiente tuvo un resonante triunfo en la Capital, aunque en el total nacional se impuso el oficialismo con una considerable merma de votos respecto de los obtenidos en 1928.

Ya por entonces la oposición política estaba mayoritariamente a favor de un golpe de Estado. La punta de lanza del golpe la constituían una serie de grupos nacionalistas, entre los que se destacaba la Liga Republicana dirigida por los hermanos Rodolfo y Julio Irazusta, aunque también apoyaban el golpe los estudiantes reformistas universitarios. En el Ejército conspiraban el general José Félix Uriburu y el ex ministro de Guerra de Alvear, general Agustín P. Justo.

La crisis económica y política debilitó tan rápida y tan profundamente al gobierno nacional que el 6 de septiembre, seis meses después de las elecciones, bastó un regimiento de cadetes del Colegio Militar encabezado por un militar retirado para sacar a Yrigoyen del cargo de presidente constitucional. Ese general, el ya mencionado Uriburu, asumiría como presidente provisorio, con el aval jurídico y político de la Corte Suprema.

Si bien este golpe de Estado no era la primera anomalía institucional de la historia argentina, ponía fin a casi setenta años de sucesiones presidenciales en las que las determinaciones constitucionales se habían impuesto sobre el uso de la fuerza. Se iniciaba una etapa dominada por el militarismo, por el autoritarismo y por la facilidad con que se quebraban las normas legales que regían a la sociedad.

Ventajas y perjuicios de una economía periférica

a) Apogeo de la exportación e inicios del desarrollo industrial

La Primera Guerra Mundial alteró en forma dramática los equilibrios sobre los que se basaba la economía argentina, tributaria directa de un sistema internacional centrado en Gran Bretaña. Las dificultades de importar y de exportar inherentes a las mismas hostilidades fueron agravadas por la guerra submarina utilizada por el Imperio Germánico en los años finales de la contienda. La brusca disminución de las exportaciones en 1914 tuvo un efecto perdurable directo sobre el nivel de actividad aunque éste se fue recuperando de la mano de las exportaciones de carne envasada que alimentaba a los ejércitos en combate. Más grave resultaría la caída de las importaciones como fruto, tanto de la disminución de la capacidad de compra, como de las restricciones a las exportaciones impuestas por los países en guerra que destinaban su capacidad industrial a la producción bélica. Hacia adentro, estos fenómenos se convirtieron en una fuerte disminución de los ingresos, aumento de la desocupación y un persistente incremento de los precios que deterioraría considerablemente al salario real.

Al finalizar la guerra, el mundo había cambiado con la declinación ostensible del poderío británico y el ascenso correlativo del norteamericano. El mercado financiero de Nueva York reemplazaba a Londres como la fuente de recursos para un país como la Argentina, necesitado de capitales como de fondos para sus crecientes gastos estatales. Si bien la economía estaba organizada sobre la base del denominado sistema agroexportador, en realidad su composición era más compleja de lo que se supone. En primer lugar, el comercio exterior tenía un funcionamiento complejo por el impacto que había significado la entronización de los Estados Unidos como gran potencia industrial en el ámbito mundial, ocupando el lugar que antiguamente habían tenido las potencias europeas. La expansión norteamericana durante los veinte se basó en los automotores y sus componentes, los electrodomésticos, las radios y las maquinarias. Justamente, estos artículos pasaron a ser consumidos y por ende importados por los argentinos de entonces. Sin embargo, la no complementariedad entre ambas economías provenía del hecho de que las exportaciones argentinas tenían dificultades para penetrar en el mercado norteamericano. El ser Estados Unidos productor de los mismos bienes, llevaba a que los productos argentinos fueran pasibles de sufrir las medidas proteccionistas que el Congreso norteamericano aplicaba. La oleada de importaciones, agravada por las propias inversiones de empresas norteamericanas que traían desde el Norte sus insumos, descompensaba la balanza comercial argentino-estadounidense. El equilibrio se sostenía a duras penas con las ventas de cereales y carnes a Gran Bretaña que, a su vez, traía a nuestro país material ferroviario y textiles aunque su calidad y precio se venían deteriorando rápidamente. La Argentina estaba entonces en medio de un triángulo económico conformado por dos de las grandes potencias mundiales de la época que tenían, por su parte, conflictos y dificultades. La supervivencia del comercio exterior entre ambas era factible en la medida en que la economía mundial se mantuviera dentro de la situación de equilibrio inestable en que había caído tras la guerra. Pero desgraciadamente eso no sucedería por mucho tiempo[30]...

La llegada masiva de empresas norteamericanas impulsó un sostenido crecimiento industrial. La Argentina contaba por entonces con un consumo interno –en función de los ingresos promedios de su población– que era el más elevado de toda América Latina, superior incluso a países como Italia y España. Estas condiciones favorables de la demanda local impulsaron a las más grandes empresas norteamericanas a radicarse directamente en el país, invirtiendo en rubros como la perfumería, la metalurgia, los textiles, el cemento, el armado de automotores, la fabricación de maquinarias, la propaganda, el cine y los bancos. De esta forma, esas empresas saltaban las barreras arancelarias para competir "desde adentro" con la importación proveniente de otros países industriales[31]. La difusión del transporte automotor y la creciente importancia que fue adquiriendo el petróleo como combustible fueron los soportes materiales para la penetración del consumismo que habría de atacar a los argentinos.

A este proceso de industrialización relativa contribuyó el restablecimiento de cierta normalidad en el comercio exterior. Después de 1921 la economía mundial fue impulsada por un nuevo ciclo ascendente y con éste las exportaciones argentinas recuperaron su lugar. En la primera parte de la década la ganadería tuvo una crisis sumamente gravosa a raíz de la sobreabundancia de carne que, a su vez, se tradujo en la lucha entre criadores e invernadores y entre productores y frigoríficos. A partir de 1923 la agricultura aprovechó los buenos precios de los granos en los mercados y tuvo un sexenio brillante concluido en 1929.

---

[30] A. O'Connell, "La Argentina en la Depresión: los problemas de una economía abierta" *Desarrollo Económico,* 92, ene-mar 1984.
[31] J. Villanueva, "El origen de la industrialización argentina", *Desarrollo Económico*, 47, oct-dic 1972.

b) Política económica de los gobiernos radicales

Considerando lo antedicho resulta evidente que los gobiernos radicales no se propusieron modificar la estructura económica nacional. Fieles a su sentido de movimiento nacional, buscaron administrar por encima de los grupos sociales, a veces favoreciendo a los productores, a veces a los consumidores, tal vez a los obreros o a los terratenientes. Por eso resultaría difícil decir que el radicalismo disponía de una verdadera política económica; su política se adecuaba al momento y a las circunstancias, dependiendo en mucho de los precios de los productos de exportación.

En los gobiernos de Yrigoyen y Alvear muchas veces se ha señalado la ausencia de una política industrial decidida, considerando que ya en la década de 1920 comenzaba a cuestionarse la inexorabilidad del destino exportador del país. Sin embargo, más allá de lo certero de esta afirmación, no era previsible que dichos gobernantes aplicaran una política de industrialización en condiciones de casi pleno empleo. Los aranceles a la importación hubieran provocado elevación de los precios de los productos básicos, algo que perjudicaría a las clases populares urbanas en donde se asentaba en buena medida el electorado del radicalismo.

No faltaron voces de alerta de los peligros que la situación mundial representaba para la economía argentina. La más conocida fue la del ingeniero Alejandro Bunge, especializado en estadística y economía, que señalaba ya en 1924 la transitoriedad de la demanda de cereales y carnes por las políticas de los países europeos de subvención a su propia producción. Proponía entonces la diversificación productiva, a través de la explotación de la minería, la protección a la industria y la multiplicación de los socios comerciales internacionales, empezando por los Estados Unidos. La *Revista de Economía Argentina*, que dirigía Bunge, señalaba que las dificultades obligaban a iniciar una nueva etapa en la vida económica nacional a través de una política más activa que corrigiera lo que se veía como males que en el futuro causarían mayores preocupaciones. Además, entre otras medidas, Bunge proponía crear un mercado común entre los países sudamericanos para ampliar las posibilidades de mercado para nuestras exportaciones.

Estas recomendaciones no fueron seguidas por los gobiernos radicales. En su lugar, el radicalismo buscó incrementar por una parte el consumo mediante el aumento del gasto público. Especialmente, Yrigoyen incrementó de forma sostenida el nivel de erogaciones del fisco, destinado al pago de salarios, pensiones y gastos administrativos, vinculados con sus clientelas electorales. Por el lado de los ingresos, intentó gravar los ingresos de los sectores económicamente más importantes, empezando por las retenciones a las exportaciones durante el período de guerra. Más tarde presentó un proyecto de impuesto a las rentas que fue rechazado por el Parlamento. En síntesis, el presupuesto nacional sufrió un aumento por el lado de los gastos con motivo de las mayores demandas que los gobiernos tenían en función de una utilización política de los recursos y, por el otro, se intentó modificar la orientación genéricamente regresiva que tenía la percepción de ingresos para el fisco sostenida en los impuestos indirectos.

Como hemos visto el crecimiento industrial no fue impulsado por la política gubernamental. Sin embargo, recibió un espaldarazo del gobierno del presidente Alvear cuando en 1923, el ministro de Hacienda, Alejandro Herrera Vegas, dispuso una elevación de los aforos[32] aduaneros.

Sin embargo, esta orientación más bien proteccionista fue abandonada por su sucesor, Víctor Molina, quien era un entusiasta defensor del librecambio y de la ortodoxia económica. El cargo y las circunstancias le dieron la oportunidad de poner sus ideas en juego. El crecimiento de las exportaciones agrarias había provocado un sostenido ingreso de oro en las arcas de la Caja de Conversión. A raíz de esto, se dio una fuerte valorización del peso que perjudicaba a los exportadores al aumentar sus costos y disminuir sus ingresos. Para detener esta valorización Molina decretó en 1927 el retorno a la libre convertibilidad, el sistema que había sido suspendido en 1913 antes de iniciarse la guerra. En la práctica esto significaba la reapertura de la Caja de Conversión. Pero esta reforma colocaba a la economía nacional mucho más expuesta a los sacudones provenientes del exterior, sin tomar en cuenta que la vulnerabilidad externa era el punto débil de la economía argentina, experimentado en numerosas oportunidades. Ello se habría de verificar una vez más tan sólo dos años después.

---

[32] Aforo era la lista en las que se encontraban los precios sobre los que se calculaba el impuesto a la importación. Vale decir que la elevación de los aforos implicaba un aumento del impuesto y de la protección efectiva que recibía la producción nacional.

La sociedad y sus conflictos

a) Condiciones generales de la vida social

Este período es considerado uno de los más difíciles de analizar estadísticamente por la gran separación temporal de los censos de población. El tercer censo nacional fue realizado en 1914 y el cuarto en 1947 aunque para 1936 ya contamos con datos confiables. El crecimiento demográfico de estos años llevó a la población argentina de unos 8 millones de habitantes en 1914 a alrededor de 12 millones en 1930. De esa diferencia de 4 millones de habitantes, 3 millones correspondían a las ciudades y sólo un millón al agro. El crecimiento urbano era muy visible en ciudades como Buenos Aires y Rosario.

La Primera Guerra interrumpió el flujo migratorio. Incluso la tendencia fue favorable a la emigración, con un saldo negativo de 214.000 personas para el período 1914-1919, ya que los extranjeros, principalmente italianos, volvían a su tierra para pelear en el ejército. Ya en la década de 1920 se retomó el ciclo inmigratorio, dejando un saldo migratorio de unas 878.000 personas para esos años. Pero si la cuantía era significativa, más lo era el nuevo origen de esos contingentes: aunque continuó el flujo de españoles, se observa una caída vertical de la presencia de italianos como consecuencia de las restricciones impuestas por su gobierno. En su reemplazo aparecían en los muelles hombres y mujeres de la sufrida Europa Oriental: polacos, yugoslavos, rumanos, búlgaros y rusos. Y junto ellos asiáticos del desmembrado imperio turco como los sirios y los libaneses. Estos nuevos contingentes con sus lenguas y costumbres incrementaron la ya notable diversidad del mosaico cultural argentino.

A pesar de la recuperación del ritmo inmigratorio, su importancia relativa sobre la población total declinó, dando a la sociedad un perfil algo más homogéneo. Por otra parte, la movilidad social ascendente incrementó el protagonismo de las clases medias que aparecían ahora como el sector más representativo de la sociedad. Por último, se va a consolidar un tipo de sociabilidad urbana. Las ciudades crecían a un ritmo vertiginoso, tanto que en 1914 el total de la población urbana sumaba 4.500.000 personas, el equivalente a algo más del 50% del total. A raíz del súbito acrecentamiento de la población los problemas de vivienda eran muy grandes. Muchas familias, aunque minoritarias respecto del total de la población, ocupaban los "conventillos" que normalmente eran grandes caserones construidos para las grandes familias, pero que cambiaban de destino habitacional al alquilarse sus cuartos como viviendas familiares.

Si para 1904 las estadísticas muestran que en Buenos Aires existían casi 2.500 conventillos en los que habitaban más de medio millón de personas, en la década de 1920 la situación se fue modificando por la construcción de casas familiares. Del centro a los barrios se edificaba y urbanizaba teniendo como eje la vivienda unifamiliar, que reemplazaba a los decadentes conventillos. El tranvía eléctrico primero y el colectivo después fueron los medios de transporte que permitían que trabajadores y empleados pudieran habitar lejos de sus lugares de trabajo.

A pesar del predominio agrario de la economía, las actividades urbanas eran muy importantes. La industria, en primer lugar, generaba empleo para muchos de sus habitantes. Se destacaban numerosas actividades artesanales, aunque desde 1890 se fueron multiplicando las fábricas mecanizadas que empleaban a una fuerza de trabajo cada vez más concentrada y por lo tanto potencialmente más poderosa. Fundiciones metalúrgicas, frigoríficos, fábricas de hilados, tejidos, cerámicas, bebidas, alimentos como galletitas y lácteos eran algunas de ellas. Otros centros destacados de la industria mecánica fueron los talleres ferroviarios, que alcanzaban una extraordinaria concentración de personas.

b) Clases medias y cultura urbana

La recuperación del dinamismo económico en la década del '20 afianzó la movilidad social ascendente como rasgo típico de la sociedad. Esta dinámica se tradujo en un dominio numérico de las clases medias. Además de los oficios tradicionales rurales y urbanos, las vías de ascenso fueron facilitadas por la Reforma Universitaria que modernizaba los contenidos de la enseñanza y facilitaba el ingreso de las clases nuevas en las aulas superiores. Junto a los profesionales liberales, se desarrollaron las clases de cuentapropistas de la industria, el comercio y los servicios así como los empleados de oficina, los llamados trabajadores de cuello blanco, privados y públicos. Sin embargo, las trabas para el ascenso social y las diferencias sobre las normas contractuales que vinculaban a los distintos actores económicos facilitaron el desarrollo del sindicalismo al estimular los beneficios de la agremiación.

La convivencia urbana promovió una mayor integración de los elementos extranjeros y nacionales para conformar lo que se ha llamado la "cultura popular". La expresión más notoria de esta cultura popular, esencialmente urbana, fue el tango. Siendo inicialmente una expresión definidamente instrumental desde el punto de vista artístico y marginal desde el punto de vista social, el surgimiento del tango-canción, emblemáticamente fundado por *Mi noche triste* de Pascual Contursi en 1917, pasaba a ser un medio de entretenimiento cada vez más difundido pero también un medio de trasuntar ideas y sentimientos compartidos entre habitantes de un mundo todavía heterogéneo. Otra parte de esta cultura popular se enraizaba en el fútbol que, a pesar de su origen británico, cada vez atraía más a los argentinos.

La educación contribuyó decisivamente a esta experiencia urbana. Durante este período se fundaron en la Capital Federal 37 institutos secundarios destinados a las clases medias y 12 escuelas de artes y oficios para los sectores obreros. En las provincias y territorios nacionales se crearon 3.126 escuelas primarias y en el período 1916-1922 la población escolar aumentó en más de 400.000 alumnos. Se creó el bachillerato nocturno, de gran aceptación por la clase obrera. Además se determinó la obligatoriedad del guardapolvo blanco, para igualar a todos los aducandos por encima de sus diferencias sociales. En general, el radicalismo favoreció dentro de la escuela media a los colegios nacionales que no tenían una salida laboral inmediata sino que preparaban para el ingreso en la Universidad, un mecanismo de ascenso social especialmente apto para las capas medias. La importancia relativa que estos sectores iban adquiriendo se puso en evidencia en la Reforma Universitaria que comenzara en 1918 en la Universidad de Córdoba. Este movimiento impulsado espontáneamente por los estudiantes obtuvo el apoyo del gobierno nacional. Se logró transformar las instituciones superiores a partir de la modernización de los contenidos de la enseñanza y del cambio del gobierno de las mencionadas casas de estudio. Dentro de este clima se crearon las universidades de Santa Fe y Tucumán.

Esta expansión de la educación formal facilitó el crecimiento de una cultura impresa escrita en castellano que hizo de Buenos Aires la capital cultural del mundo hispanoamericano. Se multiplicaron el número y la tirada de todo tipo de publicaciones periódicas, relacionadas con un público alfabetizado, cada vez más culto y politizado. Entre los diarios, además de los tradicionales *La Prensa* y *La Nación*, se destacaba el vespertino *Crítica* –dirigido por Natalio Botana– dueño de un estilo mucho más atractivo, en el que se fueron plasmando las nuevas reglas del periodismo de la época. Para impactar al lector se apelaban a nuevos medios gráficos como los grandes titulares de la primera página. Otra forma de atraer lectores fue la contratación de escritores de renombre para redactar sus columnas. El periodismo partidario estaba representado por los diarios *La Época*, portavoz del yrigoyenismo y *La Vanguardia*, órgano de los socialistas. Entre las revistas se destacaban *Leoplán* y *Caras y Caretas*. El reino de la palabra escrita fue generando así un grupo de notables hombres de prensa que pasaban a ser admirados por el gran público.

c) La conflictividad social en la ciudad

Las nuevas realidades de las ciudades crearon condiciones para una sociedad más plural pero también más compleja. La difusión de la gran fábrica otorgaba mayores estímulos a la sindicalización. En un principio, los sindicatos aspiraban a incentivar a los trabajadores a solicitar mejores condiciones laborales y salarios, aunque también la acción sindical se convirtió en una forma de participación pública de trabajadores, la mayoría de los cuales eran inmigrantes. Además, la lucha gremial tenía un objetivo general de más largo plazo, que consistía en la realización de una sociedad en la que imperara la igualdad social. Si bien los distintos grupos de militantes sindicales, los socialistas, los "sindicalistas" y los anarquistas coincidían en ese punto, diferían en la forma de alcanzarlo.

Para el patriciado argentino, la gran ciudad –Buenos Aires o Rosario– pasaba a ser el ámbito de la multitud, de la masa de los "advenedizos", de los anarquistas. Los temores que despertaba la movilización obrera en Europa se reproducían aquí, agravados por la condición migratoria de la masa trabajadora urbana. Era cierto que algunos núcleos de trabajadores, específicamente dentro de los anarquistas, sostenían posturas insurreccionales. Pero indudablemente el miedo a la Revolución excedía en mucho el riesgo revolucionario efectivo. Era mucho más el resultado de los temores subjetivos de las clases poderosas que una amenaza real de los desposeídos. Para peor, la negativa de las clases dominantes a reconocer a las organizaciones obreras o a aceptar las demandas hechas en nombre de esas organizaciones, le otorgaba a cada conflicto por cuestiones inmediatas un carácter mucho más amplio.

La guerra mundial había actuado como un mecanismo de contención de los conflictos sociales pero la recuperación posterior abrió el cauce para que se expresaran abiertamente. Los sindicatos comenzaron a inquietarse por el aumento del desempleo y el alza de los precios que desvalorizaba los salarios. La guerra desestructuró el sistema de circulación comercial y monetaria y provocó una persistente alza de precios tanto de productos de importación, de tipo industrial, como los de exportación de alimentos. Las secuelas de estos problemas se sintieron en el período posterior.

El movimiento reivindicativo estalló no ya en las pequeñas industrias artesanales, escenario habitual de muchos conflictos previos, sino entre los trabajadores de los ferrocarriles, de los puertos, del transporte fluvial y de los frigoríficos. Estos sectores que constituían la espina dorsal del sistema de comunicaciones y de comercialización de la producción generaban un desafío para los sectores económicos al tiempo que impedían cualquier actitud indiferente por parte de las autoridades.

Algunos cambios previos en la actitud de los sindicatos le dieron una mayor capacidad de lograr éxitos. En 1915 una agrupación de sindicatos, la FORA del IX Congreso, fue dominada por los sindicalistas revolucionarios, que impusieron a la central la idea del apoliticismo sindical y la defensa estricta de los intereses inmediatos de los trabajadores. En 1916, con la llegada del radicalismo al poder, se abrió un nuevo escenario para la expresión de las demandas latentes. Las huelgas, impulsadas por dos de los gremios más importantes, la Federación Obrera Marítima (FOM) y la Federación Obrera Ferroviaria (FOF), pasaron a afectar a las ciudades.

La actitud del gobierno radical ante el movimiento gremial buscó diferenciarse de la adoptada por el régimen conservador, inclinándose hacia el arbitraje entre las partes con cierta receptividad, además, hacia las demandas obreras. La primera petición de los obreros al presidente Yrigoyen consistió en el retiro de las tropas que controlaban los puertos en ocasión de la huelga marítima de 1916. La respuesta positiva demostraba que se había producido un giro en la política estatal y llevó al triunfo de las demandas obreras. El mecanismo se repitió en los conflictos desatados en el bienio posterior. Al atenuarse la presión represiva se logró que una gran parte de las reivindicaciones obreras tuvieran éxito. La reacción de las clases propietarias frente a la ola huelguística consistió en un profundo rechazo y oposición, al mismo tiempo que se acusaba al gobierno de pasividad o de parcialidad a favor de los trabajadores. Fueron desarrollando mecanismos de "acción directa" en contra de la agremiación de los trabajadores y en contra de las corrientes políticas (los socialistas, los anarquistas y más tarde los comunistas) que actuaban en su nombre. Una de esas organizaciones de acción directa fue la Asociación del Trabajo, creada en la Bolsa de Comercio en 1917 e integrada por diferentes asociaciones empresarias. Su objetivo era proporcionar trabajadores para reemplazar a huelguistas y además desarrollar una campaña ideológica entre el mundo obrero en oposición a los activistas sindicales.

En diciembre de 1918, el movimiento huelguístico se intensificó al extenderse a otros gremios. En la Capital Federal la huelga en los talleres metalúrgicos de Pedro Vasena e Hijos fue agravándose ante la escalada de ataques entre los huelguistas y la policía. En enero de 1919 una manifestación obrera terminó con varios trabajadores muertos por la policía. El entierro de las víctimas llevó a una multitud que también fue atacada por la policía por lo cual la mayoría de las organizaciones sindicales declararon la huelga general. Esto motivó una escalada de violencia en la que los grupos de "nacionalistas" armados atacaban a los barrios habitados masivamente por trabajadores, a los comités socialistas, a locales obreros y también a inmigrantes judíos y catalanes. El orden se reinstaló sólo cuando el Ejército al mando del general Luis Dellepiane ocupó la ciudad. Las víctimas no pudieron ser precisadas aunque posiblemente superaran los mil muertos.

Una de las consecuencias inmediatas de la Semana Trágica de enero de 1919 fue la creación de otra entidad de acción directa: la Liga Patriótica, creada y dirigida por Manuel Carlés. Ésta buscaba imponer el orden mediante la acción represiva directa de sus brigadas en todo el territorio nacional, no sólo en el ámbito de los gremios; al mismo tiempo desarrollaba una campaña educativa, destinada a favorecer la nacionalización y la subordinación social de los trabajadores de origen extranjero[33].

La conflictividad pasó de la Capital al interior cuando numerosas organizaciones de trabajadores se solidarizaron con la causa de los obreros de Buenos Aires. Por otra parte, también en 1918 comenzaría a agitarse el lejano

---

[33] S. Mc Gee Deutsch, *Contrarrevolución en la Argentina*, 1900-1932, Bernal Universidad Nacional de Quilmes, 2003.

territorio de Santa Cruz, en el cual habitaba una exigua cantidad de 17.000 personas, a razón de un promedio de 1 habitante cada 14 kilómetros cuadrados. La caída del valor de la lana en el mercado mundial fue haciendo más cruda la explotación de los peones que se hacían cargo de los numerosos rebaños de ovejas que constituían casi la única actividad económica.

En torno de esta realidad rural se formó en la ciudad de Río Gallegos, capital del territorio, un movimiento reivindicativo mayoritariamente anarquista, la Sociedad Obrera de Oficios Varios, que buscaba sindicalizar tanto a trabajadores urbanos como rurales. Esta sociedad elevó un pliego de reivindicaciones en favor de los estibadores y carreros que transportaban la lana. La elite de la zona, nucleada en la Sociedad Rural, rechazó la demanda pero la justicia federal se pronunció a favor de los trabajadores. El triunfo de éstos llevó a la Sociedad Obrera a buscar la sindicalización de los trabajadores rurales.

La reacción violenta de los terratenientes derivó en 1921 en un movimiento de huelgas y protestas que se extendió rápidamente. Los huelguistas se refugiaron en la zona cordillerana pero la policía y los elementos parapoliciales contratados por los terratenientes los atacaron. El gobierno nacional le encomendó a una columna militar, encabezada por el teniente coronel Varela, una gestión pacificadora que obligó al gobernador a firmar un acuerdo que fue momentáneamente aceptado por las partes pero el rechazo de los sectores propietarios a la organización sindical y a la negociación misma —se argüía que los militantes obreros podían estar al servicio de Chile— llevó a la ruptura y a una nueva expedición militar del mismo Varela. Esta nueva operación militar adoptó ahora una conducta represiva e ilegal. Comandos militares que recorrían el interior del territorio operaban como pelotones de fusilamiento que ajusticiaban sumariamente sin juicio previo a todos aquellos que fueron indicados por los estancieros como activistas. Más de 1.500 fusilados fue el saldo de esta terrible matanza.

A pesar de estos episodios ocurridos en el lejano sur, a partir de 1922 las tensiones sociales disminuyeron. Por el momento, el orden se restableció como resultado de la represión pero también como fruto de la recuperación económica. Por esta razón los años siguientes tuvieron niveles muchos más bajos de conflictividad social.

La posición de la autoridad política había quedado debilitada por su incapacidad para hacer valer el imperio de la ley. Con cierto sentido de reparación y de recuperación de la posición arbitral inicial se buscó promulgar algunas leyes favorables a los trabajadores, la más importante de las cuales intentaba crear un sistema de jubilaciones universal. Aunque existían algunos gremios que gozaban del beneficio de la jubilación, eran minoritarios. El gobierno de Yrigoyen propuso extender el sistema a obreros y empleados pero sólo en 1925 ya bajo Alvear, la ley fue aprobada pero fue rechazada tanto por los empleadores como por los trabajadores. Mejor destino tuvo el establecimiento legal de la jornada de trabajo de 8 horas de acuerdo con las recomendaciones de la recién creada Organización Internacional del Trabajo (OIT). La ley de jornada legal de trabajo fue aprobada en 1929 aunque su aplicación efectiva en las unidades productivas fue reducida y debió esperar mejores condiciones económicas y políticas para traducirse en realidad.

d) Estructuras agrarias y luchas sociales

La década de 1920 fue la edad de oro del estanciero pampeano, gracias a su capacidad para variar de producción cuando las circunstancias de los mercados internacionales lo aconsejaran. En efecto, en un contexto internacional marcado por la inestabilidad constante de los precios de los productos primarios, la rentabilidad estaba asegurada mediante la capacidad de diversificarse. Ello fue posible gracias a una ampliación de la cantidad de tierras dedicadas al arriendo para la agricultura tanto como mediante la precarización de los contratos para poder aumentar o disminuir las tierras con ese destino. En la provincia de Buenos Aires, la estancia se había transformado en una explotación mixta en la que convivían agricultura y ganadería.

Las grandes propiedades que habían dominado el territorio argentino en el siglo anterior se fueron transformando, aunque se mantuvieron en grandes zonas de la Patagonia. La subdivisión de la tierra no aminoró las dificultades de dar respuestas a cada sector que la habitaba. En algunas zonas, donde la tierra tenía poco valor, se hallaban pequeños productores que recibían alguna facilidad para su compra por parte del gobierno o de una empresa colonizadora o del Banco Hipotecario Nacional, eran los "colonos". Otro grupo muy importante de la vida rural eran los braceros, asalariados que trabajaban en las chacras y estancias en forma estacional para la siembra, la cosecha o la esquila. Reseros y arrieros, que tampoco eran propietarios, se encargaban del transporte de animales, completando el conjunto de los tipos humanos rurales.

Dentro de la ganadería, el tamaño de la explotación pasó a determinar una función en la cadena productiva. Los productores se fueron diferenciando entre los invernadores que disponían de mayor capital y engordaban a los animales antes de enviarlos al frigorífico y los criadores que disponían de menores recursos financieros y se encargan de cuidar la parición y cría del animal y que se veían obligados a desprenderse de sus animales para mantener el capital de giro.

La guerra del '14 también se hizo sentir en las zonas rurales, con la merma de ingresos. La recuperación posterior no hizo olvidar las tensiones que habían afectado a los diversos grupos de la sociedad rural. En el mundo rural especialmente pampeano, se desató una larga serie de conflictos destinados a asegurar la flexibilización del principio del contrato individual para regir los vínculos entre propietarios (grandes y pequeños), arrendatarios, peones (asalariados mensuales) y jornaleros, para aproximarse a normas más o menos fijas que reglaran las relaciones entre los actores. La Federación Agraria Argentina, portavoz de los arrendatarios que se veían perjudicados por los grandes propietarios, proponía la creación de un derecho agrario colectivo, destinado a fijar normas precisas para las distintas formas bajo las cuales se "tenía" la tierra. También buscaba mejorar el acceso al crédito y las condiciones de comercialización y transporte a que estaban sometidos los agricultores. Estas demandas se hicieron más fuertes en 1918-19 cuando se produjo una caída fuerte de la rentabilidad de los chacareros, lo que produjo una expulsión de muchos de ellos de sus tierras. La intranquilidad estaba agudizada por la huelga declarada por los peones rurales a raíz de la pérdida del valor del salario. Frente a este panorama en una zona tan sensible, el gobierno radical osciló entre la represión y la negociación

La Federación Agraria fue radicalizando su actuación llegando a acuerdos con los sindicatos obreros de la FORA sindicalista. En 1921 desde toda la República llegaron a Buenos Aires unos 1400 chacareros a solicitar una Ley de Contratos que finalmente fue sancionada con la incorporación de demandas tales como el reconocimiento de las inversiones al final de los arriendos y la posibilidad de comprar y vender libremente.

En cuanto a los obreros rurales, estaban principalmente enfrentados con los empresarios del transporte, los dueños de la maquinaria agrícola y las comercializadoras de los granos. Para ellos los objetivos principales consistían en la limitación de la jornada laboral, el aumento de salarios, las mejoras en las condiciones laborales y el reconocimiento de los sindicatos. Estos sindicatos tuvieron que enfrentar a las brigadas de la Liga Patriótica y a los rompe-huelgas de la Asociación del Trabajo que tuvieron un fuerte protagonismo en los conflictos, especialmente en la primera mitad de la década de 1920.

En la Patagonia la lucha de los obreros rurales fue mucho más dura, tal vez porque las organizaciones obreras estaban mucho más próximas al anarquismo. Esto llevó a que las reivindicaciones obreras fueran mucho más radicalizadas tal vez por enfrentar a un sector patronal decidido a apostar todo su peso social a favor de la represión. No siempre las organizaciones obreras de los jornaleros agrícolas tenían una clara identidad ideológica. Por ejemplo, en las provincias de Córdoba y Santa Fe, los militantes rurales socialistas y anarquistas se unieron para defender los intereses de los obreros del surco.

En el Chaco los trabajadores rurales tuvieron obstáculos mayores en sus objetivos. Allí predominaba una forma diferente de empresa rural y de relación obrero patronal, el obraje de quebracho. La explotación del quebracho colorado del que se extraía el tanino, utilizado en la curtiembre del cuero, se hacía con muy precarios recursos técnicos y con una sobreexplotación de la fuerza del trabajo y de los recursos naturales. Se caracterizaba por la utilización exclusiva de mano de obra nativa, no de inmigrantes europeos, promoviendo la migración hacia sus centros de hombres de otras provincias y del Paraguay. El epicentro productivo era el obrajero en donde se descargaban los rollos de la madera. El trabajador operaba en el monte y se le pagaba por tonelada, valor a distribuirse entre el hachero, el carrero y el cargador.

Una empresa por sí sola concentraba gran parte de esta actividad controlando casi dos millones de hectáreas. Se trataba de la empresa británica La Forestal. La relación de la empresa con sus empleados derivó en frecuentes reclamos y conflictos aun cuando las organizaciones sindicales de los trabajadores fueran desconocidas por sus directivos. La empresa se comportaba en forma absolutamente renuente respecto de la consideración de las disposiciones legales del país. Tenía sus propias fuerzas para resguardar el orden dentro de los territorios que controlaba. Por lo demás, solía sobornar a funcionarios públicos para conseguir sus beneficios. Por otro lado, solía remunerar pagando con vales a ser cambiados en los almacenes de la empresa en donde los precios eran mayores a los que se disponían en la ciudad. La Forestal mantenía una política de relación con su personal similar a las que se observaban en otras regiones del país, como las ya mencionadas estancias patagónicas y los yerbatales misioneros y correntinos.

Palabras finales

Un balance de la historia social de esta época resulta francamente difícil porque en ella se advierten fenómenos de tipo bisagra entre períodos. En efecto, allí se marcó una solución de continuidad entre el del predominio exportador y el del mercado interno, entre el Estado gendarme del liberalismo conservador y el Estado de bienestar del peronismo, entre el país agrario y el país industrial, entre la estabilidad política constitucional y las crisis institucionales permanentes.

Es indudable que estos años están unidos por la experiencia de la democracia del sufragio universal masculino y el predominio político del radicalismo yrigoyenista. En el balance, muchos investigadores y tratadistas piensan que la marca de esos tiempos fueron las grandes crisis económicas y las luchas sociales, signada por la represión de la Semana Trágica y de la Patagonia. Sin embargo, para otros el futuro se encargaría de revalorizar aquellos años porque justamente representaron cabalmente una etapa en que los nuevos desafíos todavía fueron encarados con relativo éxito. Las dramáticas experiencias de las décadas siguientes le darían un valor nuevo. Sin embargo, no es necesario pensar en lo que vino después para realizar un balance positivo. Para los hijos de aquellos inmigrantes que habían llegado en el entresiglos, este período representó la posibilidad de ser una edad de oro, especialmente en los años 1925-28, en que las promesas parecían hacerse realidad para quienes quisieran habitar suelo argentino. Fenómenos sociales trascendentes hicieron su aparición por entonces. Nacían acompañantes de largo aliento de las clases populares argentinas, como el tango, la radio, el fútbol, el barrio. Ellos sólo ameritan que le dediquemos un espacio de reflexión.

El recuerdo de esta etapa quedó oscurecido por el peso de la crisis y la depresión que se abatieron sobre el mundo con posterioridad. De estos cataclismos económicos podemos anticipar que sus efectos fueron distintos si consideramos los plazos. Si el impacto inmediato fue menor al de otros países de la tierra, en el largo plazo su incidencia fue mayor. Pero ello será un problema a analizar en los próximos capítulos.

CAPÍTULO IV

1930-1945: crisis mundial, industria y migraciones internas

Mariela Ceva
(CONICET-UNLU)

La "gran depresión" y la "década infame"

A pesar de que el período comprendido entre 1930-40 ha sido conocido habitualmente como el de la "década infame" (denominación que obedece centralmente al predominio del fraude en la elección de las autoridades públicas, lo que llevaba a una pérdida de legitimidad del régimen político formalmente republicano y democrático) no podría decirse que en cuanto a sus aspectos económicos y sociales tuviera una orientación completamente regresiva. Entre las transformaciones positivas podemos encontrar las adaptaciones al nuevo contexto internacional surgido tras la crisis de 1929, generadas por las nuevas políticas económicas. Mientras que la dinámica económica pronunció la diversidad de la actividad productiva, la dinámica social llevó a una mayor homogeneidad étnica, integración cultural y movilidad geográfica y social, dentro de las fronteras nacionales.

Como es sabido, la crisis del '30 alteró sustancialmente los mecanismos económicos externos en que se desenvolvía la Argentina. Sus consecuencias fundamentales fueron cuatro: el derrumbe del comercio internacional; los cambios en los montos y origen de los movimientos de capitales; el traspaso definitivo de la hegemonía económica mundial de Gran Bretaña a Estados Unidos, y la crisis de las políticas económicas liberales con su posterior sustitución por políticas autarquizantes e intervencionistas en los países centrales[34].

---

[34] E. Jorge, *Industria y concentración económica, desde principios de siglo hasta el peronismo*, Hyspamerica, Buenos Aires, 1986.

Veamos con cierto detalle cada una de ellas. El comercio mundial medido en valores disminuyó en un 60% en los cuatro años comprendidos entre 1929-1933. Causa y efecto de esto fueron las políticas de los países centrales que comenzaron a levantar barreras monetarias y aduaneras cada vez mayores para proteger sus mercados nacionales, aunque esto significara desmantelar el sistema de comercio multilateral[35].

Para la Argentina en términos globales, esto se tradujo en que los precios de los productos de exportación pasaran de un índice de 129,5 en 1928 a 74,1 en 1933. La baja en los mismos ocasionó como lógica consecuencia una drástica reducción en la capacidad de importar pasando las importaciones de 1.959 millones de pesos en 1929 a 897 millones en 1933, mientras el volumen físico disminuyó de 1,3 millones de toneladas a 6,9 millones de toneladas. El punto más bajo de la curva depresiva se alcanzó en 1933 y el comercio mundial siguió deprimido hasta la Segunda Guerra europea, sin recuperar nunca los niveles previos a la crisis[36].

Otra repercusión decisiva fue el viraje definitivo en la hegemonía mundial, de Gran Bretaña a los Estados Unidos. Ya para la década del '30 era evidente un desequilibrio notable y creciente en la economía internacional, como consecuencia de la asimetría existente entre el desarrollo de la Unión y el resto del mundo. A diferencia de lo ocurrido durante la hegemonía inglesa y con la división internacional que ésta implicaba, bajo la norteamericana la situación varió en forma notable, fundamentalmente, porque Estados Unidos ya no requería mano de obra como tampoco capital de los otros países para su sistema, sí materias primas industriales y productos de la agricultura tropical[37]. Aunque en el caso argentino la relación con Gran Bretaña se estrechó, sobre todo, a través de la firma del Pacto Roca-Runciman, durante el período se destacaría el fuerte ingreso de capitales norteamericanos en el país. Firmado en 1933, el acuerdo aseguraba a la Argentina una cuota de importación de carne, pero limitaba el control gubernamental, ya que un 85% de aquélla quedaba para ser utilizada por los frigoríficos británicos y norteamericanos

---

[35] E. Hobsbawn, *Historia del siglo XX (1914-1991)*, Crítica, Barcelona, 1995.
[36] F. Devoto, *Historia de la inmigración en la Argentina*, Sudamericana, Buenos Aires, 2003.
[37] Antes de la Primera Guerra Mundial Gran Bretaña estabilizaba al mundo desarrollando algunas funciones básicas: un mercado abierto, proporcionando préstamos a largo plazo, un sistema de cambio relativamente estable, una coordinación de políticas macroeconómicas, Cfr. Ch. Kindleberger, *La crisis económica 1929-1939*, Crítica, Barcelona.

y disponía que el uso de las divisas derivadas de él debía ser volcado en pagos de deuda y en la importación de carbón y demás productos ingleses. Estas condiciones hicieron del tema de la "carne" una cuestión que levantó numerosas críticas y fuertes debates parlamentarios durante esos años y aún con bastante posterioridad a esos acuerdos.

Esto sucedía en un momento donde la crisis depresiva había inducido al gobierno norteamericano a incrementar su tendencia a la aplicación de políticas de autarquía económica y de proteccionismo, lo que provocaría réplicas en el mismo sentido por los demás países, quienes ampliaron sus restricciones al comercio exterior[38]. El movimiento norteamericano de cerrarse sobre su propia economía se conjugaba con tendencias expansionistas que buscaban ampliar su área de influencia económica tanto para exportar como para invertir. Ese estado paradójico surgió en un mundo articulado por los desastres económicos de la guerra, donde la crisis inculcó a los gobiernos la convicción de que era necesario cortar las dependencias del intercambio con el extranjero, tendiendo a producir la mayor cantidad posible de materiales y de la más diversa clase, con el aparato económico nacional[39].

Los países comenzaron a aplicar medidas que encauzaran el ritmo económico y evitaran conflictos sociales. En ese contexto, el descontento social también se tradujo en descontento político y generó la aparición de numerosos movimientos nacionalistas, fuertemente influidos por los conflictos europeos de entreguerras. Los estados incrementaron su tendencia a la intervención social al tiempo que se afirmaban las tendencias autoritarias. Esto se reflejó en el caso argentino en la manipulación electoral que llevaba a la violación de los derechos políticos de la ciudadanía y al posterior desprestigio de todo el sistema político.

Las modificaciones en la política económica argentina

Entre las medidas adoptadas por el gobierno argentino para hacer frente a la emergencia se encontraban: intervención estatal, protección del mercado interno en expansión, inversión en obras públicas y apoyo al

---

[38] A. Dorfman, *Historia de la industria en la Argentina,* Hyspamerica, Buenos Aires, 1970.
[39] E. Jorge, *op. cit.*

proceso de industrialización. Esta política significaba también una fuerte reducción en las exportaciones. En parte, la fuerza de las circunstancias obligó al gobierno argentino a implantar un conjunto de medidas que incluyó, entre otras, el control de cambios[40], la limitación de las importaciones y la elevación de los derechos de importación, resoluciones que iban a implicar modificaciones importantes para el proyecto de industrialización limitada[41].

Entre los objetivos que se planteaban los nuevos gobernantes se encontraba una nueva organización para el régimen bancario, pasando de un período de nula regulación del crédito y de libertad en el desarrollo de la actividad bancaria a un sistema integrado a través de una institución que controlara los medios de pago y el volumen del crédito. El ejercicio de la actividad bancaria quedaba sujeto a previa autorización, con lo cual su fiscalización se convirtió en permanente. Para ello se creó en 1935 el Banco Central de la República cuyas funciones básicas eran regular el crédito, mantener la estabilidad monetaria y ejercer el monopolio de la emisión. Para sanear el sistema se erigió, en forma complementaria, el Instituto Movilizador de Inversiones Bancarias, que tenía el objetivo de adquirir inmuebles, créditos y demás inversiones inmovilizadas o congeladas de los bancos, y su posterior venta en forma gradual y progresiva. Gracias a estas creaciones y considerando que con anterioridad a 1930, la Argentina había generado considerables ahorros internos, no sólo en su próspero sector rural, sino también en la industria, el comercio y otros servicios, se pudo canalizar el ahorro interno hacia la construcción de viviendas, el comercio, las actividades rurales y el sector industrial[42].

Asimismo, la industria argentina se había venido desarrollando en la alimentación, los textiles y la vestimenta. Y, aunque si bien es cierto que la industria creció más a partir del '30, no menos indiscutible es que durante los '20 aumentó tanto como había ocurrido en sus momentos iniciales, producto de un aumento de la demanda agregada, de nuevas tarifas y de un tipo de cambio favorable. Así, por ejemplo, durante la década del '20

---

[40] El control de cambios implementado en 1931 buscaba entre otras cosas evitar la fuga de capitales.
[41] Ídem.
[42] C. F. Díaz Alejandro, *"Ensayos sobre la historia económica argentina"*, Amorrortu, Buenos Aires, 1983.

los establecimientos textiles habían aumentado a razón de 1700 por año, en la del '30 será a 2800 y en la del '40 a 5000 por año. En general, entre 1920-48 la industria comenzó a crecer a una tasa promedio anual del 5%. Entre 1920-30 la tasa de crecimiento industrial fue del 4,39% anual, entre 1930-39 alcanzó el 7,05%. Entre 1921 y 1930 se radicaron cuarenta y tres empresas extranjeras contra trece que lo habían hecho en el período 1900-20. Lo hicieron en las ramas expansivas nuevas, como el cemento, petróleo, la industria farmacéutica, química, de metales, de artefactos eléctricos, de caucho y las armadoras de autos[43], muchas de ellas de capitales norteamericanos, lo cual generó fuertes enfrentamientos con los de origen británico. Estos desarrollos fueron favorecidos por la recuperación evidenciada en el comercio exterior a partir de 1934.

Sin embargo, la nueva orientación en materia económica no alcanzó a solucionar muchos de los problemas que el país arrastraba: poca diversificación productiva; crecimiento industrial desigual; y desequilibrios regionales —con un interior con tierras libres, fácil acceso pero sin educación rural y con un litoral avanzado y directamente integrado a las vías de desarrollo—. Según el clima imperante en los '30 esta situación debía ser resuelta a través de un esfuerzo nacional. Los elementos centrales de las soluciones eran: proteccionismo, diversificación, fomento de industrias, vías férreas, nuevos centros de producción y mejoramiento de las condiciones de trabajo de la mano de obra.

Los movimientos migratorios y los cambios sociales

Las medidas intervencionistas del Estado se vieron profundizadas no sólo en la economía sino también en la sociedad. En ésta se venían desarrollando profundos cambios ya desde las décadas anteriores. En el caso de los trabajadores de la industria su número se había incrementado notablemente durante la década del treinta llegando a duplicarse en el período comprendido entre 1935-46. Muchos trabajaban en pequeños talleres, el 47% lo hacía en fábricas de más de 100 obreros y el 14% en establecimientos de más de

---

[43] M. I. Barbero y F. Rocchi, *Industry and industrialization in Argentina in the long-run: from its origins to the 1970s*, mimeo.

1000[44]. Como producto de la crisis del '30 esos años presentan índices más elevados de desocupación; el punto más bajo de ocupación fue el año 1932, luego creció en forma regular hasta alcanzar en 1945 un incremento del 55% respecto de 1930, mientras que la población había aumentado menos del 20%[45].

El fuerte incremento poblacional de las últimas décadas del siglo XIX y primeras del XX había sido producido por el aluvión inmigratorio. La llegada masiva de inmigrantes de ultramar comenzó a disminuir durante la década del '20 y llegados los '30 su volumen pasó a ser insignificante. De modo tal que, ante esa merma, la mano de obra necesaria para la industria en expansión provenía, ya desde los veinte, de las regiones del interior del país. También las estadísticas demográficas indicaban una clara curva descendente del número de nacimientos; según los estudios de Alejandro Bunge, el país estaba en riesgo de perder vitalidad poblacional y de verse dominado por las "razas" nativas, algo negativo según su punto de vista, compartido por otros[46].

De hecho, la reducción de la inmigración ultramarina preocupaba a los intelectuales de la época. Bunge denunciaba, en primer lugar, las distorsiones y desequilibrios poblacionales del fenómeno migratorio espontáneo. Mostraba que durante la primera década del siglo había sido mayor el aumento migratorio que el crecimiento vegetativo natural del país. En segundo lugar, indicaba que el país había llegado a un grado de saturación a causa de la inmigración excesiva respecto de su capacidad económica, pero también respecto de su posibilidad de asimilarlos anualmente; esta saturación había provocado el fenómeno que denominó "cosmopolitismo". También sostenía que si la inmigración latina sólo alcanzaba el 13 % del total después de la Primera Guerra Mundial, ese porcentaje había ido creciendo rápidamente hasta trepar a 57,27 % en 1937. Alertaba que, en los 15 años comprendidos entre 1927-41, el primer puesto correspondía a los polacos con el 28,3%, seguido por los italianos con el 23,52% y luego los españoles con el 21,17%.

---

[44] T. Di Tella, *La unión obrera textil. 1930-45*, en T. Di Tella, *Sindicatos como los de antes...*, Biblos-Fundación Simón Bolivar.
[45] F. Devoto, *op. cit.*
[46] D. Barrancos, *Moral sexual, sexualidad y mujeres trabajadoras*, en F. Devoto y M. Madero (comps.) *Historia de la vida privada en la Argentina. La Argentina entre multitudes y soledades. De los años treinta a la actualidad*, Taurus, Buenos Aires, 2000.

La demografía se reflejaba en la arquitectura y en el urbanismo. Las transformaciones en el perfil de la población junto a los cambios en la estructura ocupacional se reflejaron en "la casa", la que ocupaba un lugar destacado en la prensa diaria y periódica pero también tenía un espacio propio a través de la publicación de *Casas y Jardines*, una revista de arquitectura y decoración destinada a un público no especializado[47]. Las modificaciones cualitativas de los espacios iban acompañadas de un aumento en la cantidad de casas-departamentos como consecuencia de la necesidad de reducir los gastos exigidos por la vida doméstica, por ejemplo, el piso de lujo desplazaría al petit-hotel como modelo de habitar urbano de los sectores altos.

Está claro que estas innovaciones en el habitar eran adoptadas por los sectores altos y medios. Para el resto de la población las condiciones de la vida doméstica eran muy diferentes. Así, el censo escolar de 1943 registró condiciones de hacinamiento colectivo (más de cuatro familias que compartían una casa) y hacinamiento individual (más de cuatro miembros de una misma familia dormían todos en una misma pieza). Asimismo, Buenos Aires mostraba el valor más alto del país en hacinamiento colectivo (22% de las familias censadas), pero uno de los más bajos de hacinamiento individual (18,5% de las familias censadas). Y como señala Anahí Ballent, en Buenos Aries el subalquiler o el alquiler de habitaciones de casas de familia era una práctica muy habitual[48].

Ya a partir de la década del '40 comenzó un período de suburbanización mayor en el que se evidencia un movimiento hacia la periferia de la segunda generación de inmigrantes; en parte estaba vinculado con un proceso de ascenso social, o sea, la búsqueda de la pequeña propiedad residencial. A esta periferia se sumó otra con el asentamiento de los inmigrantes de países vecinos y de los migrantes internos. Los motivos de este traslado estaban dados por una diferencia en los valores de las tierras, y por el asentamiento de industrias en áreas de lo que actualmente es el conurbano bonaerense, por ejemplo en San Martín.

Simultáneamente con estos cambios en la distribución del empleo se produjeron cambios muy importantes en la organización espacial en su

---

[47] A. Ballent, *La "casa para todos": grandeza y miseria de la vivienda masiva*, en F. Devoto y M. Madero, *op. cit.*
[48] A. Ballent, *op. cit.*

conjunto. Por una parte éstos consistieron en *la suburbanización de la población de menores ingresos* a través de:
- el desarrollo de los barrios productos de loteos económicos de tierras
- la progresiva expansión de las villas de emergencia que reemplazaban al conventillo como vivienda de los sectores más humildes

y *la densificación del centro* como fruto de:
- la ley de propiedad horizontal de 1948 que permitiría subdividir la propiedad y construir edificios de departamentos para venta;
- la creación de un submercado residencial protegido a través de la ley de alquileres de 1943;
- a cambios en la gestión del transporte urbano (nacionalización del ferrocarril y difusión del colectivo)[49].

Las innovaciones en estos últimos y los efectos de la electrificación permitieron numerosos cambios en los hábitos tanto en el ámbito privado como en el público y caracterizaron el período entre 1930 y 1945 con la fijación de tipologías e imágenes modernas que se difundieron entre los sectores altos y medios. En general, ello se relacionaba con una mayor oferta industrial para la tecnificación del hogar (por ejemplo, a través de electrodomésticos y de la radio), con el ideal del confort, con la reducción de tarifas, con las comunicaciones y con cambios constructivos (por ejemplo, mayor utilización del cemento). A su vez, el turismo se desarrolló cuando los medios de transporte se multiplicaron a partir de 1934 al circular las primeras líneas de colectivos desde Buenos Aires y La Plata hacia la costa bonaerense. Una muestra de ello son las diferencias en las cifras de turistas recibidos en Mar del Plata, entre 1930 y 1940. En el treinta arribaban a la ciudad unos 65.000 mientras que en 1940 la cifra ascendió a 380.00 turistas[50].

La búsqueda del descanso y la recreación era también visible en la gran ciudad. Por ejemplo, los grandes salones fueron reemplazados debido a que la mayor parte de las diversiones se buscaban en espacios al aire libre como canchas de tenis, clubes y piscinas de natación. En ese momento aparecieron

---

[49] H. Torres, "El mapa social de Buenos Aires en 1943, 1947 y 1960. Buenos Aires y los modelos urbanos", en *Desarrollo Económico*, V. 18, N°70, julio-setiembre 1978.
[50] E. Pastoriza y J. C. Torre, "Mar del Plata, un sueño de los argentinos", en F. Devoto y M. Madero, *op. cit.*

los primeros country clubes, como iniciativas de la elite: el Tortugas o el Hindú Club en Don Torcuato[51].

La reacción política a los nuevos tiempos

José Félix Uriburu (1930-32); Agustín P. Justo (1932-38); Roberto Ortiz (1938-40) y Ramón Castillo (1940-43) son los nombres presidenciales que marcaron una década signada por el fraude electoral y la escasa legitimidad de las instituciones públicas.

En 1928, Hipólito Yrigoyen había derrotado a una importante coalición opositora; sin embargo, ese triunfo le alcanzó por un breve período, ya que, el 6 de setiembre de 1930 un golpe de Estado encabezado por Uriburu lo derrocaba. En realidad, la revolución, realizada para subsanar los vicios atribuidos a la democracia, interrumpía la continuidad institucional y un estilo de hacer política que había sobrevivido desde el siglo XIX [52].

La falta de acuerdos sobre las medidas a adoptar en el entorno del presidente provisional complicaba el ya oscuro escenario de principios de la década del treinta. A lo largo de ese período se continuaron utilizando técnicas muy conocidas hasta ese momento, que combinaban el apoyo de la autoridad (fundamentalmente de los comisarios), con el sistema de caudillos. Mientras los radicales mantuvieron su abstención, la aplicación de estos mecanismos sirvió principalmente para dirimir los conflictos en el seno del oficialismo, pero desde 1933 se usó para bloquear el camino al partido conducido por Marcelo T. de Alvear[53]. De modo tal, que el Estado buscaba a través de diferentes mecanismos reducir la participación y el accionar de los partidos políticos.

Esta tendencia se irá agudizando a lo largo de la década y contribuirá junto a otras restricciones políticas a provocar un achicamiento de la participación de la población en la política, lo que en parte generó una imposibilidad por salir de la cuasi-legitimidad existente y vencer el fraude. Esta *"democracia limitada"*, en la que las instituciones y las sucesiones presidenciales se veían

---

[51] A. Ballent, *op. cit.*
[52] N. Botana, *El siglo de la libertad y el miedo*, Sudamericana, Buenos Aires, 1998.
[53] L. A. Romero, *Breve historia contemporánea de la Argentina*, Fondo de Cultura Económica, 2002.

manipuladas, contaba con actores políticos de peso y también con un fuerte apoyo del ejército.

La llegada de A. P. Justo al poder es una clara muestra de ello. Justo, un militar, que había sido ministro de Guerra y Marina de M. T. de Alvear, había sido elegido presidente con el apoyo de la *Concordancia*, agrupamiento de los partidos Conservador, Antipersonalista y Socialista Independiente.

El nuevo presidente buscó equilibrar la participación de las diferentes fuerzas en su gobierno nombrando ministros provenientes de los diferentes grupos. Así, tres ministros pertenecían al ala conservadora; dos eran antipersonalistas; uno socialista independiente. Durante su gestión, la economía pareció encaminarse pero la esfera política continuaba desarrollándose bajo métodos fraudulentos.

Esta reducción del campo de la participación política afectaba a la población argentina y mínimamente a la extranjera, la que a pesar de haberse visto disminuida durante la época era perceptible para algunos grupos y estaba presente en el discurso nacionalista. En éste, la composición étnica latina de la futura inmigración no sólo se relacionaba con la tradición inmigratoria de italianos y españoles que había aportado la mano de obra buscada para el proyecto agroexportador del país, sino que ya desde 1919 formaba parte de un pensamiento étnico nacionalista que también velaba por el perfil poblacional de una nación acrisolada y mostraba el consenso existente entre las elites argentinas de los años previos a la Segunda Guerra Mundial en torno de la necesidad de adoptar criterios de profilaxis social que incluían prevenciones étnicas y raciales en materia poblacional[54].

El nacionalismo hundía sus raíces en las décadas precedentes. Su organización en grupos paramilitares, como la Legión Cívica, la Liga Republicana, la Legión de Mayo y, luego, la Alianza Nacionalista, había obedecido a un proceso de radicalización después de haberse asumido el fracaso del uriburismo y sus reformas corporativistas. La Legión Cívica, por ejemplo, creada a instancias del general Uriburu, había contado en sus comienzos —en 1931— con líderes (en lo civil y militar) como Juan Carulla y el general nacionalista Juan Bautista Molina.

---

[54] L. Senkman,"Nacionalismo e inmigración: la cuestion étnica en las elites liberales e intelectuales argentinas: 1919-1940", en *EIAL,* volumen 1, Nº 1, enero-junio 1990.

Sin embargo, los nacionalistas nunca formaron un partido político viable y permanecieron profundamente divididos. Durante la década de 1930, el nacionalismo de derecha argentino desarrolló un pensamiento antiimperialista y, en su modelo de Estado corporativo, el problema social de la clase obrera aparecía formulado en diversas formas. El pensamiento nacionalista intentó sintetizar la búsqueda de la identidad nacional y el planteo de una postura social a través del concepto de justicia social[55].

Estos elementos lo van a acercar durante esta década al pensamiento imperante en la Iglesia católica. Los sectores católicos derechistas fomentaron estrechos vínculos con los nacionalistas de igual orientación ideológica. Gradualmente la Iglesia comenzó a participar activamente en la lucha política[56]. El pensamiento nacionalista también tuvo un fuerte impacto en el Ejército.

Por su parte, la Unión Cívica Radical (el otro componente de la esfera política) luego del derrocamiento de H. Yrigoyen en 1930, contaba con diversas corrientes políticas. La primera, la alvearista, estaba constituida por dirigentes radicales que respondían a las directivas del presidente del partido, M. T. de Alvear, y estaban ubicados en la dirección de los más altos organismos partidarios. Este grupo formaba un sector de políticos profesionales y dirigentes parroquiales que consideraban que el partido tenía por misión principal reconquistar el sufragio universal. Sin embargo, estos políticos conformaban un núcleo heterogéneo, tal es así, que algunos de sus miembros, en distintas circunstancias, se convirtieron en aliados ocasionales de los núcleos yrigoyenistas opuestos a la conducción partidaria.

La segunda corriente, la yrigoyenista, contaba con el apoyo de los radicales de la vieja guardia y de muchos jóvenes políticos intransigentes que consideraban que el partido no sólo servía como un instrumento para luchar contra el fraude electoral sino también como una herramienta para conquistar la independencia económica nacional y asegurar la justicia social[57].

Es decir que, durante la década del '30, el radicalismo no era un fenómeno homogéneo; en él convivían distintos matices pero había ciertas preocupaciones y principios compartidos: la abstención electoral debido a

---

[55] A. Spektorowski, "Argentina 1930-40: nacionalismo integral, justicia social y clase obrera", en *EIAL*, volumen 2, N° 1, enero-junio 1991.
[56] M. Plotkin, *Mañana es San Perón*, Ariel Historia Argentina, Buenos Aires, 1994.
[57] S. Brauner Rodgers, "El nacionalismo yrigoyenista (1930-43)", en *EIAL*, Vol. 1, N° 2, julio-diciembre 1990.

comicios basados en el fraude; la intransigencia a concertar alianzas con otros partidos; la revolución, ya sea propulsando o apoyando conspiraciones armadas con el objeto de restablecer el sufragio universal, aunque en estas últimas la homogeneidad parecía disiparse, por ejemplo, cuando en 1931 estalló en Corrientes la rebelión encabezada por el coronel Pomar.

En 1935 de esa heterogeneidad surgió un grupo de jóvenes miembros de la Unión Cívica Radical que, insatisfechos con la orientación dada al partido por sus líderes, creó el grupo F.O.R.J.A. (Fuerza de Orientación Radical de la Joven Argentina), bajo el liderazgo intelectual de Raúl Scalabrini Ortiz. Descontentos con la política de M.T. de Alvear buscaban recuperar lo que consideraban la verdadera ideología radical, retomando las banderas del ex presidente Yrigoyen[58].

El renacimiento del sindicalismo

Si el sector político se hallaba pavorosamente dividido (no sólo los radicales sino también los socialistas y los demoprogresistas), el sindicalismo no lo estaba menos. El movimiento laboral existente durante la época era débil y se hallaba dividido: por ejemplo, sólo las principales asociaciones ascendían a veintidós. Durante el período 1930-43 el movimiento obrero observaba ciertos rasgos de continuidad: burocratización, reformismo pragmático y vinculación con el poder político[59], aunque sólo los sindicatos aglutinaban al 20% de la fuerza laboral urbana, aproximadamente.

El número de huelgas se redujo al mínimo en el período 1931-33 revelando, según algunos autores, la incidencia y la presión de la desocupación y la represión sobre la capacidad defensiva del movimiento obrero; según otros, representaban las distintas evoluciones del sindicalismo argentino, esto es: declinación del anarquismo, creciente moderación del movimiento, ascenso del socialismo y una tendencia hacia la negociación con el Estado. Posteriormente la pujanza del movimiento obrero se hizo notar al elevarse el número de conflictos, así como el de los que alcanzaban resultados positivos para los trabajadores.

---

[58] M.Plotkin, *op. cit.*
[59] H. Del Campo, *Sindicalismo y peronismo: los comienzos de un vínculo perdurable*, CLACSO, Buenos Aires, 1983.

Durante ese período el Estado actuaba a través de su Departamento de Trabajo en mediaciones sólo cuando le eran requeridas[60]. De hecho, todavía en la mayoría de los casos las condiciones de trabajo eran fijadas en forma unilateral por la patronal. Hacia el final de la década del '30 se fue extendiendo la utilización de convenios colectivos que determinaban remuneraciones y condiciones laborales para cada categoría. Entre 1936 y 1942 en Capital Federal se realizaron ochenta y dos y en la provincia de Buenos Aires seiscientos sesenta.

El elenco de gremios anterior al peronismo se podría sintetizar de la siguiente forma: por un lado, se encontraban los gremios o sindicatos más tradicionales, como la Fraternidad y la Unión Ferroviaria, poco afectados por la migración interna, y con fuerte predominio socialista. Por otro lado, las industrias nuevas donde una buena parte de los trabajadores tenían bajo nivel educacional y poca experiencia sindical, con una minoría motivada (textiles, metalúrgicos, construcción) y con grandes diferencias entre la dirigencia y la base[61]. En ellos el núcleo urbano original era menos cosmopolita y extranjero de lo que se supone y los orígenes regionales de los migrantes no eran precisamente, como suele suponerse, de zonas criollas[62].

En 1930 se creó la Confederación General del Trabajo; a ella se unieron la U.S.A. (Unión Sindical Argentina) y la C.O.A. (Confederación Obrera Argentina); por otro lado se encontraba la F.O.R.A. (Federación Obrera Regional Argentina). Para 1943 la C.G.T. se dividió en dos la C.G.T. número 1 y la C.G.T. número 2. Si bien la división fue un factor que impedía una respuesta concertada de los trabajadores en aquella circunstancia de la guerra, uno de los responsables principales de esa ausencia fue la desocupación.

Paralelamente, la situación internacional (en 1939 había comenzado la Segunda Guerra Mundial), los postulados nacionalistas imperantes en Europa y su esbozo en la Argentina, y las consecuencias de la industrialización y de la urbanización generaron la sensación —en los más diversos ámbitos— de que la "cuestión social" debía resolverse. Una reacción hacia el sector combativo del sindicalismo fue la aplicación de la Ley de Residencia[63].

---

[60] Ídem.
[61] T. Di Tella, *op. cit.*
[62] Ídem.
[63] En 1937 fue aplicada contra los principales dirigentes de la construcción quienes fueron deportados a Italia. Cfr. L. A. Romero, *op. cit.*

La política social

El Estado prosiguió ocupando espacios que antes se encontraban bajo la órbita de la Iglesia, sobre todo intentando desarrollar su accionar sobre los sectores más desprotegidos. Para ello comenzó a crear instituciones que permitirían regular las funciones que varios organismos venían desempeñando, su accionar se presentaba segmentado. Entre los organismos creados se encontraban la Junta Nacional para Combatir la Desocupación, la Caja de Jubilaciones y Pensiones para Periodistas y la Caja de Jubilaciones y Pensiones para el Personal de la Marina Mercante.

Por su parte, durante la década se asiste a la promulgación de numerosas leyes vinculadas con la acción social e impulsadas en el Congreso por sectores del socialismo. De allí nacieron el descanso obligatorio y pago del sábado a la tarde, la indemnización por despido, las vacaciones anuales pagas, el régimen especial para obreras y empleadas del Estado, la prohibición de despido por matrimonio, la celebración de convenios sobre salarios mínimos, el Estatuto de Empleados de Bancos particulares, el Estatuto para Viajantes de Comercio y la Protección de trabajadores a domicilio.

Asimismo, el Estado profundizó su función de contralor de los subsidios otorgados pero delegando las funciones asistenciales a organizaciones privadas[64]. Hasta ese momento, existían numerosos sistemas con jurisdicciones superpuestas y mal definidas, por ejemplo, la Dirección Nacional de Higiene, la Comisión de Asilos, los hospitales regionales y la asistencia pública municipal. Muchas de ellas eran secundadas por las instituciones de caridad como la Sociedad de Beneficencia de la Capital Federal que desde el año 1908 dependía del Ministerio de Relaciones Exteriores y que para 1934 administraba 25 instituciones[65]. Asimismo, las sociedades de socorros mutuos comenzaron a decaer durante los años de entreguerras, en parte, porque el Estado fue el que empezó a proveer los instrumentos para la cobertura social y sanitaria que antes ofrecían las asociaciones voluntarias[66].

---

[64] G. Parra, "Antimodernidad y trabajo social. Orígenes y expansión del Trabajo Social Argentino", Departamento de Ciencias Sociales, Universidad Nacional de Luján, 1999.
[65] M. Plotkin, *op. cit.*
[66] F. Devoto y M. Madero, *Historia de la vida privada*, introducción, Buenos Aires, Taurus, 2000.

El control tomó forma orgánica en 1940 cuando se organizó el Registro Nacional de Asistencia Social dirigido a registrar todas las instituciones asistenciales y a centralizar información sobre las mismas. Posteriormente pasó a estar bajo la órbita de la Dirección de Salud Pública y Asistencia Social[67].

Es decir que, durante la década del '30 se asistió a un proceso en el cual el Estado empezó a involucrarse en la "cuestión social" a través de un mayor control, aunque todavía en ese momento la actividad se encontraba en manos privadas. Con la llegada de Perón al Departamento de Trabajo el control se agudizó y se comenzó a llevar a cabo una serie de reformas que implicaron un mayor compromiso en la planificación, control y accionar sobre la "cuestión social". Así es como en 1943 se transformó el antiguo Departamento de Trabajo en la Secretaría de Trabajo y Previsión y al mismo tiempo se creó el Consejo Superior de Trabajo y Previsión, que se encargaba de controlar las relaciones jurídicas surgidas del intercambio entre capital y trabajo reforzando así la actividad de la Secretaría.

Por su parte, desde la década del '20 la Iglesia también venía ampliando su base de acción en la sociedad. Esa actividad se centraba a través de, por un lado, instituciones como la Acción Católica Argentina, por otro lado, en el incremento de número de parroquias. El resultado de esta política condujo al surgimiento generalizado de una suerte de religiosidad popular. Básicamente, la Acción Católica debía movilizarse en el terreno social teniendo como base las encíclicas papales que se abocaban a temas sociales. Éstas eran los documentos que contenían las soluciones prácticas para la crisis social, teniendo por principio básico al corporativismo[68] como el orden ideal[69]. Íntimamente ligado con la difusión de este ideario se encontraba la creación, en 1933, del secretariado económico-social de la Acción Católica. De la acción de éste se desprende que para la Iglesia la "cuestión social" era la "cuestión de la clase obrera". En realidad, el temor de la Iglesia y de gran parte de la elite era que, como consecuencia de los efectos de la crisis económica del '30, se produjera un acercamiento de los trabajadores hacia el comunismo[70]. Así, en 1936 se conoció la primera pastoral del Episcopado. En

---

[67] G. Parra, *op. cit.*
[68] El corporativismo, en sus diferentes versiones, postulaba el predominio de las organizaciones colectivas, gremios, Iglesia, instituciones armadas, por encima del individuo. Esto debía traducirse de alguna forma en la organización política, lo que implicaba en la práctica la pérdida de los contenidos liberales y democráticos de la vida política.
[69] L. Zanatta, *Del Estado liberal a la nación católica. Iglesia y ejército en los orígenes del peronismo. 1930-1943*, Buenos Aires, Universidad Nacional de Quilmes, 1996.
[70] S. Baily, *Movimiento obrero, nacionalismo y política en la Argentina*, Buenos Aires, Paidós, 1984.

ella los obispos recordaban el fin social que debía tener la propiedad privada, condenaban los bajos salarios y proclamaban el derecho de los trabajadores al salario familiar[71]. A ello siguió la organización de la Primera Semana de Estudios Sociales, con una importante sesión sobre problemática social y en 1940 el cardenal Copello organizaba en Buenos Aires la Escuela Católica de Servicio Social.

Además del Estado y de la Iglesia otras instituciones intervenían en la cuestión social, tal el caso del Museo Social Argentino, que fundado en 1911 había tenido como centro los temas de inmigración y demografía. Asimismo, cumplió un rol fundamental cuando, en 1930, se inauguró oficialmente la primera Escuela de Servicio Social. En los cursos ejercieron funciones docentes y directivas el doctor Zwanck y el doctor Rodriguez, considerados los fundadores del Servicio Social en la Argentina. También en 1941 se creó la Escuela Argentina de Asistentes de Menores y Asistentes penales dependiente del Patronato de Recluidas y Liberadas cambiando su denominación en 1945 por Escuela Argentina de Asistentes Sociales[72].

El Museo Social Argentino, además, organizó el primer Congreso de la Población en 1940, donde se debatió extensamente acerca de los problemas raciales señalándose también que el modo más eficaz para mejorar el ambiente humano era a través del mejoramiento de la condición de la familia, del medio social y la educación[73], temas que, por otro lado, habían formado parte del eje discursivo articulador de la década del '30.

En parte, la idea de un reforzamiento de la familia, de la necesidad de cambios en las condiciones de los sectores populares, se veía acompañada por las modificaciones producidas durante esos años en el estilo de vida y en la adquisición de nuevos hábitos, muchos de ellos producto de la publicidad. Durante la década del treinta Buenos Aires pasó a ser la capital del fútbol y del tiempo libre con sus teatros, cines, cabarets, y el tango[74]. Entre las novedades de esta década se encontraba la aparición de otras inquietudes intelectuales como el psicoanálisis. Desde 1935 se venía publicando la serie popular "Freud al alcance de todos", firmada por el doctor Gómez Nerea[75]. Asimismo, como respuesta a un

---

[71] L. Zanatta, *op. cit.*

[72] Su formación tenía una duración de dos años y para su ingreso era necesario el título secundario. Cfr. G. Parra, *op. cit.*

[73] Ídem.

[74] E. Archetti, "Futbol: imágenes y estereotipos", en F. Devoto y M. Madero, *op. cit.*

[75] H. Vezzetti, "Las promesas del psicoanálisis en la cultura de masas", en F. Devoto y M. Madero, *op. cit.*

público ávido de novedades, surgieron numerosas editoriales como Losada, Sudamericana y revistas como *Claridad* y *Sur*. Incluso, los periódicos modificaron su lenguaje para lograr un mayor acercamiento con el público[76].

El nuevo "choque externo": la Segunda Guerra

La Segunda Guerra Mundial profundizó las divisiones políticas de una Argentina ya bastante dividida. En un primer momento, se continuó con la tradición neutralista frente al conflicto aunque el presidente Ortiz a través de su discurso de 1940 se solidarizaba con las víctimas de la agresión nazi, se inclinaba hacia los Aliados y la "honestidad democrática". Sus palabras generaron la crítica de sectores nacionalistas quienes postulando ideas antiimperialistas se fueron mostrando más favorables al Eje. Estos grupos nacionalistas ejercían desde diferentes ámbitos, entre ellos el ejército, una fuerte presión para mantener la neutralidad.

La no beligerancia argentina se afirmó cuando Ortiz debió dejar, por razones de salud, el poder en el vicepresidente Ramón Castillo. Sin embargo, el ataque a Pearl Harbour hizo más complicada la continuidad de la línea seguida[77]. Ello pudo comprobarse en 1942, cuando durante la Conferencia Panamericana de Río de Janeiro el gobierno argentino quedó aislado de la postura adoptada por la mayoría de los países del continente.

La situación externa e interna fortalecía objetivamente la influencia del Ejército en la política argentina. Dentro de éste se agitaba un grupo muy activo: el G.O.U (Grupo de Oficiales Unidos), una logia militar de ideas nacionalistas, que se constituyó formalmente el 10 de marzo de 1943, aunque ya se venía trabajando en su formación desde varios meses antes. Entre los integrantes del grupo se encontraban los hermanos Montes, Agustín de la Vega, Enrique González y Juan D. Perón. La ideología del G.O.U. era bastante difusa: prevenir un alzamiento comunista; el temor al compromiso en la guerra como resultado de la presión externa; el sentido de solidaridad propio del cuerpo

---

[76] Uno de los casos que se destaca es *Crítica*, Cfr. M, Karush, "National identity in the sports pages: football and the mass media in 1920s Buenos Aires", en *The Ameritas*, V. 60, July 2003, pp. 11-30.
[77] El ataque japonés a Pearl Harbour fue en diciembre de 1941 e implicaba entre otras cosas que la guerra llegaba al continente americano.

de oficiales y el resentimiento ante la intromisión de la política en el Ejército. Afirmaban que su único interés era el bienestar del Ejército y la patria[78].

El 4 de junio de 1943 después de una serie de desinteligencias entre el presidente Castillo y su ministro de Guerra, Pedro Ramírez, representante de los oficiales nacionalistas, las Fuerzas Armadas ocuparon el gobierno. El golpe terminó con el poder conservador y evidenció la falta total de credibilidad en el sistema político pero ello no resolvía el problema de la inserción internacional del país. Finalmente, el curso de los acontecimientos determinó que el propio gobierno militar, siendo presidente Ramírez, suscribiera el 26 de enero de 1944 la ruptura de relaciones diplomáticas con Alemania y Japón. Las causas de dicha medida han sido largamente debatidas en numerosos trabajos; los motivos que se presentan van desde la presión norteamericana, la presencia de pruebas de las relaciones secretas entre la Argentina y el Eje, la presencia de diferentes frentes en la política interna, la influencia del G.O.U, hasta la evidencia irrefutable de sucesivas derrotas a las que se enfrentaba el Eje.

La Segunda Guerra Mundial afectó también la economía argentina; durante su transcurso el mayor problema fue la falta de bienes y el exceso de divisas lo cual tuvo dos consecuencias: la primera, fue que los gobernantes tuvieron que controlar la inflación; la segunda, que se abrió un espacio para una industria que había venido consolidándose desde fines del siglo anterior y que en ese momento estaba en condiciones de ocupar el lugar de las importaciones que no podían efectivizarse[79]. Ante la nueva realidad se requería de la puesta en práctica de un plan. En 1940 Federico Pinedo introdujo en el Congreso un proyecto denominado "Plan de Reactivación Económica"; aunque nunca se llevó a la práctica, algunas de sus medidas fueron retomadas más tarde.

Las presiones hacia otra sociedad

Como ya fuera señalado, la sociedad durante el período 1930-45 y sobre todo entre 1938-45 tuvo un desarrollo diferente a la política. La Argentina de

---

[78] R. Potash, *El ejército y la política en la Argentina (I). 1928-1945. De Yrigoyen a Perón*, Buenos Aires, Hyspamerica, 1969.
[79] P. Gerchunoff y D. Antúnez, "De la bonanza a la crisis de desarrollo", en J.C. Torre (dir.), *Nueva Historia Argentina. Los años peronistas (1943-1955)*, Tomo VIII, Sudamericana, Buenos Aires, 2002.

los años 1930-45 se desenvolvió en el marco de una fuerte crisis política en la que confluyeron diversos partidos e ideas signados por una fuerte polarización. Radicales, conservadores y nacionalistas actuaban en un marco de dudosa legitimidad. La manipulación, el fraude y la corrupción quedaron como imagen representativa del período. Sin embargo, detrás seguía desenvolviéndose la profunda transformación social del país, acompañada de una fuerte presión por actuar desde diferentes ámbitos sobre la *cuestión social*.

La industrialización por sustitución de importaciones respaldada en un fuerte proteccionismo por parte del Estado permitió encaminar al país hacia una rápida salida de la crisis del treinta. Entre las cuestiones económicas que permanecían se encontraban: las complejas relaciones triangulares de la Argentina con Gran Bretaña y Estados Unidos, el desarrollo del mercado interno como alternativa total o parcial a la economía abierta, el papel de la industria manufacturera y de otros sectores urbanos, la cuestión de las economías del interior, el desarrollo capitalista del campo y la intervención del Estado en la economía para resolver éste y otros problemas[80].

Finalmente, durante esos años continuó gestándose esa forma de "ser argentino" basada en estilos de vida, de consumo y de hábitos, que transmitidos y representados a través de medios de comunicación masivos, se extenderán y profundizarán durante los gobiernos peronistas.

---

[80] J. L. Llach, (comp.), *La Argentina que no fue,* IDES, Buenos Aires, 1985.

CAPÍTULO V
1943-1955: la Argentina peronista

José Zanca
(CONICET-Udesa)

El golpe de Estado del 4 de junio de 1943 llevó al poder a un grupo de militares y civiles de objetivos acaso contradictorios, pero que buscaban terminar con el régimen dominante en la "década infame". Algunos por su profundo antiliberalismo, otros porque deseaban que el gobierno se mantuviera neutral en el conflicto internacional, otros porque temían el desborde "comunista" al que llevaba una sociedad que no tenía en cuenta a los sectores más postergados. Nacionalistas, católicos, industrialistas y paternalistas en lo social integraron ese gobierno.

Durante la década de 1930, la sociedad argentina había alimentado una serie de aspiraciones: mayor justicia social, la recuperación de la legitimidad política, un rol más activo del Estado, la defensa de una posición internacional "digna" para el país. Estos deseos estaban inscriptos en sectores muy diversos de la vida nacional: desde militantes socialistas hasta católicos, de militares a pequeños empresarios, de peones rurales hasta obreros industriales urbanos. Tan heterogénea formación se expresaría en los años '40 y colaboró activamente en el nacimiento del movimiento peronista[81].

---

[81] L. A. Romero, "La política en los barrios y en el centro: parroquias, bibliotecas populares y politización antes del peronismo", en F. Korn y L. A. Romero (comps.), *Buenos Aires/Entreguerras. La callada transformación, 1914-1945*, Buenos Aires, Alianza, 2006.

José Zanca

Un desconocido coronel

La base de poder que llevaría a Juan Domingo Perón a la presidencia en 1946 comenzó a construirse en el interior del gobierno militar (1943-1946). Su papel como secretario de Trabajo y Previsión le permitió contactar a sectores sindicales de diversa extracción – pero mayoritariamente pertenecientes a la izquierda política – con quienes trabó una red de vínculos en los que participaban dirigentes que serían, a la larga, piezas fundamentales en su gobierno. Algunos de ellos, como Ángel Borlenghi y Atilio Bramuglia, quienes fueron "intermediarios" entre Perón y el movimiento obrero, ejemplifican este punto[82]. Los dirigentes sindicales empezaron a ver en Perón el medio para superar la marginalidad política en la que el movimiento obrero venía desarrollandose por décadas y que ahora se hacía más evidente por la centralidad económica que había adquirido la industria y las nuevas actividades urbanas, ambas con fuerte activismo sindical..

Un aspecto que determinaría la evolución política nacional fueron las relaciones exteriores. El gobierno militar se había alineado con una postura neutralista durante la Segunda Guerra Mundial, e incorporó entre sus funcionarios a muchos hombres provenientes del catolicismo y del nacionalismo que no ocultaban su simpatía por el Eje. La oposición, más allá de sus diferencias, se unía en el apoyo a los Aliados. A su vez, el crecimiento de la figura de Perón también los irritaba, no sólo por su prédica, a la que juzgaban como "demagógica", sino porque lo percibían como un aspirante a dictador. Las tensiones entre la oposición y el gobierno llevaron a la coyuntura del 17 de octubre de 1945. Días antes, sectores del Ejército que también temían por el crecimiento de la figura de Perón, y deseaban llegar a un acuerdo con las fuerzas de la oposición, decidieron obligarlo a renunciar a sus cargos y encarcelarlo. Una masiva manifestación que, desde los barrios de la periferia industrial de Buenos Aires llegaron a la Plaza de Mayo, presionó al gobierno militar que se vio obligado a liberar a Perón y a convocar a comicios libres. A partir de ese momento se abrió la campaña electoral, con la conformación de dos bloques definidos: por un lado una heterogénea alianza de sectores que

---

[82] R. Rein, *In the Shadow of Perón. Juan Atilio Bramuglia and the Second Line of Argentina's Populist Movement*, Stanford, Stanford University Press, 2008. (Existe versión en español.)

apoyaban a Perón: sindicatos, segmentos dispersos del radicalismo, y algunos dirigentes socialistas y del conservadurismo del interior. Por otro lado, la Unión Democrática, una alianza de los partidos tradicionales (la UCR, el Partido Socialista, el Partido Demócrata Progresista y el Partido Comunista), quienes había combatido al gobierno militar.

Antes Perón había intentado conseguir el apoyo del radicalismo, negociando con un sector liderado por el cordobés Amadeo Sabattini, aunque nunca se llegaría a un acuerdo. Sólo una porción minoritaria de la UCR adhirió al peronismo, conformando la Junta Renovadora. Los sindicatos que adherían a Perón formaron el Partido Laborista, con estatutos similares a los de su par inglés, y en el cual las estructuras obreras tenían un gran peso en las deliberaciones. Estas organizaciones, que había visto frustrada su intervención política hasta ese momento, esperaban que un partido propio les otorgara un espacio importante y a la vez autónomo para intervenir en el debate público. En el interior del país, se sumaron al peronismo también sectores conservadores, representantes de grandes familias con intereses ligados con la producción agropecuaria, como es el caso de Lucio Cornejo en Salta[83].

Distintos sectores del Ejército tenían interés en un triunfo peronista. Los militares que volcaron a su favor la estructura estatal en la campaña electoral de 1945-46 suponían que Perón podía ser una salida "honrosa" de las Fuerzas Armadas del gobierno, que estaban en 1945 acorraladas por distintos e importantes sectores sociales (cámaras empresarias, prensa, partidos políticos). Por su parte, la Iglesia católica encontraba en Perón un dirigente —el primero, sin duda— que hablaba de aplicar, como plan de gobierno, la Doctrina Social de la Iglesia. Si bien dentro del catolicismo también existían recelos hacia un candidato que recurría en forma frecuente a un discurso "clasista", Perón era percibido por la jerarquía como "un mal menor" frente a la alternativa de triunfo de partidos políticos laicistas —y en el caso del socialismo y el comunismo, fuertemente anticlericales— agrupados en la oposición[84]. El gobierno revolucionario había instalado por decreto la educación religiosa en las escuelas públicas desde fines de 1943, y Perón había prometido, en reiteradas oportunidades, darle a esa decisión carácter de ley y mantener esta modificación al sistema educativo si llegaba

---

[83] D. Macor y C. Tcach, *La invención del peronismo en el interior del país*, Santa fe, UNL, 2003.
[84] L. Zanatta, *Perón y el mito de la nación católica*, Buenos Aires, Sudamericana, 1999.

al poder. Con esto buscaba granjearse el apoyo de la Iglesia y de los votantes interpelados por el sentimiento religioso.

La campaña electoral del verano de 1946 fue particularmente violenta, produciéndose una serie de disputas entre los dos bloques enfrentados, y también en el seno del sector que apoyaba la candidatura de Perón, especialmente entre laboristas y radicales. El triunfo de la candidatura de Perón, en febrero de 1946, y su asunción el 4 de junio de ese mismo año, abrieron una primera etapa política en la que el nuevo presidente buscó constituir un partido político homogéneo diluyendo a las formaciones partidarias que lo apoyaron –especialmente al Partido Laborista– primero en el Partido Único de la Revolución Nacional (PURN) y luego en el Partido Peronista. La oposición, por su parte, sufrió una dura derrota en los comicios, y resultó con una baja representación: casi inexistente en la Cámara de Senadores, dado que la candidatura oficial había triunfado en la mayoría de las provincias, y con un bloque menor en la Cámara de Diputados, donde se ubicaban radicales y socialistas. Las figuras más importantes del bloque opositor fueron Ricardo Balbín y Arturo Frondizi[85].

Los años de mayor prosperidad económica y consenso social del peronismo se coronaron con la reforma constitucional de 1949: a través de ella el gobierno aspiraba a sancionar un capítulo de derechos sociales, cristalizando jurídicamente las transformaciones operadas en materia redistributiva desde su arribo al poder. La nueva Constitución también habilitaba la reelección presidencial, a la cual aspiraba Perón en 1952. En términos de ampliación de la ciudadanía política, el peronismo impulsó la ley que habilitaba el sufragio femenino, sancionada en 1947 y aplicada por primera vez en las elecciones presidenciales de 1951. Se trataba de una vieja reivindicación de distintas agrupaciones femeninas, pero que al estar vinculadas con los partidos opositores, vieron con recelo su aprobación. Era la figura de Eva Duarte, segunda esposa de Perón, la que la había promovido, y que a través de su activa participación política se había ubicado en el centro del escenario nacional. Su tarea a cargo de la Fundación Eva Perón, que desplegaba actividades de asistencia social en todo el país, contribuyó a crear una liturgia en torno de su figura, a través de un conjunto de rótulos y ceremonias casi religiosas que la designaban como "la abanderada de los humildes" y "jefa espiritual de la nación".

---

[85] M. García Sebastiani, *Los antiperonistas en la Argentina peronista. Radicales y socialistas en la política argentina entre 1943 y 1951*, Buenos Aires, Prometeo, 2005.

La economía

Muchas de las mutaciones económicas que consolidó el peronismo se habían originado en la década anterior. No era novedad la existencia de un Estado interventor, que fijaba pautas regulatorias y que, a través de la política económica, había diseñado mecanismos para beneficiar a distintos segmentos de la sociedad. Tampoco eran novedosas las propuestas industrialistas moderadas, impulsadas antes por el gobierno militar y en menor medida por el mencionado "Plan Pinedo" de 1940. Este conjunto de cambios en el diseño económico de entreguerras era un fenómeno mundial y la idea de ponerle controles o regulaciones al mercado era una premisa que aplicaban gobiernos de distinto signo ideológico en Europa y los Estados Unidos.

Sin embargo, es sin duda la escala de la planificación y el volumen de los resortes económicos que comenzó a controlar el Estado lo que da la pauta de la innovación económica operada durante la Segunda Guerra Mundial y los primeros gobiernos justicialistas. Estos medios fueron puestos al servicio de mantener en niveles elevados la ocupación y el salario. El devenir de la economía peronista se divide en dos períodos, delimitados por los dos primeros planes quinquenales.

Desde fin de la Segunda Guerra, los bienes exportables argentinos –granos y carnes– vivieron un periodo de altos precios internacionales. Aumentaron cerca de un 60 % respecto de los precios de las importaciones entre 1945 y 1948. Durante el Primer Plan Quinquenal (1947-1951), el peronismo proyectó un sistema de redistribución de los ingresos percibidos por las exportaciones tradicionales a través de la nacionalización del comercio exterior. Tanto los exportadores como los importadores debían proceder a través del I.A.P.I. (Instituto Argentino de Promoción del Intercambio), quien manejaba el flujo comercial con el exterior. A través de la fijación de precios de compra y tasas a la importación, el I.A.P.I. lograba un saldo favorable que le permitía, a través del crédito, promover el desarrollo de la industria local. Esta política proteccionista, y a la vez promotora de la industria, permitió el desarrollo de un sector manufacturero de pequeño y mediano porte que se dedicaba a alimentar la demanda local de artículos de consumo popular, típicos de la expansión económica de la posguerra, como lavarropas, cocinas a gas, heladeras, etcétera.

El otro componente de la economía peronista en sus primeros años fue la redistribución del ingreso a favor de los trabajadores. La participación de los asalariados en el ingreso nacional pasó del 39 al 46 % entre 1946 y 1950. Aumentó los salarios reales y expandió la ocupación. Esto permitía mantener altos niveles de consumo de un mercado interno en constante expansión. El PBI creció el 16 % entre 1946 y 1948[86].

La nacionalización de empresas (ferrocarriles, electricidad, gas, teléfonos) fue un importante elemento político y económico. Dada la acumulación de divisas inconvertibles en el exterior, en algunos casos fue el medio para que el Estado recuperara parte de lo invertido en créditos durante la Segunda Guerra. Al mismo tiempo, la estatización permitía asentar el componente nacionalista en el discurso peronista. En el fondo, se trataba de una tendencia mundial hacia un Estado más intervencionista – como sucedió en Gran Bretaña con el arribo de los laboristas al poder en 1945 – y que necesitaba instrumentos para controlar variables centrales de la economía de posguerra como el empleo. La participación del capital extranjero disminuyó del 15,4 % en 1945 al 5,4 % en 1949.

Sin embargo, desde 1949 el esquema económico que incluía un alto nivel de actividad y de ocupación, la captación de la renta agraria para volcarlo al mercado interno – que tendía a beneficiar al sector industrial extrayendo recursos del sector primario – empezó a mostrar signos de agotamiento. Por el lado de la demanda interna de alimentos, disminuyeron los saldos exportables, con lo que los ingresos generales de divisas se estrecharon. A su vez la demanda internacional de esos productos bajó y también sus precios. La Europa de posguerra se recuperó rápidamente y el ciclo de altos precios para los alimentos decayó; los términos del intercambio en 1952 eran un 30% más bajos que en 1951. Por el lado de la demanda industrial, el modelo de crecimiento generaba la necesidad de importar insumos, tecnología y energía –caucho, acero, petróleo, químicos, máquinas, equipo pesado, etc.– que no se producían en el país, con lo que aumentó la necesidad de divisas, que justamente por esos años disminuían. Para completar la sucesión de fenómenos negativos, factores climáticos causaron duras caídas en las cosechas de 1950 y 1951, con lo cual los saldos exportables y los productos para el consumo

---

[86] A. Ferrer, *Crisis y alternativas de la política económica argentina*, Buenos Aires, FCE, 1977.

interno cayeron aun más. El dato que aparecía como alarmante a fines de los cuarenta era un ciclo inflacionario inédito en la Argentina: la demanda de productos, insatisfecha por una estructura agropecuaria que había vivido un período de desinversión, y la industria que contaba sólo con un estrecho mercado interno para su crecimiento, se expresaron en una inflación del 37 % en el año 1951.

Frente a la crisis, el peronismo debió reconfigurar su política económica. En febrero de 1952 el gobierno presentó un Plan de Estabilización destinado a combatir la inflación y a controlar los gastos. Los salarios se congelaron por dos años, con lo cual se intentó frenar el ciclo inflacionario. También se controlaron los precios. El Segundo Plan Quinquenal, presentado a fines de 1952, mantenía en funcionamiento al I.A.P.I. pero modificaba su operatoria: tendería a beneficiar en sus precios a los exportadores, tratando de regenerar el ingreso de divisas. Para evitar una recesión, el gobierno encaró planes de viviendas, con lo cual mantenía la ocupación, y a su vez promovió iniciativas tendientes al desarrollo de una industria pesada con la convocatoria a empresas extranjeras para radicarse en la Argentina. La actitud ante el capital extranjero se modificó en forma drástica. Se pasó de su repudio al pedido de un crédito al Exim-Bank para financiar la planta siderúrgica de San Nicolás. Los créditos extranjeros permitían contener el gasto público sin caer en recesión. A su vez, y dado que uno de los principales frenos a la expansión industrial era la escasez energética, el gobierno de Perón decidió convocar a empresas norteamericanas para permitir la extracción y autoabastecimiento de petróleo. Esto causó un importante debate público y fue resistido por hombres del mismo gobierno, que lo percibían como una traición a la prédica nacionalista que había llevado a Perón al poder y que había caracterizado su primera presidencia. Es en ese mismo sentido que puede entenderse la ley de garantías para las inversiones extranjeras y el intento de mejorar las relaciones con los Estados Unidos, llave para la apertura de créditos internacionales.

Durante los años 1953 y 1954 la inflación disminuyó en forma importante, llegando a niveles manejables. Junto al descenso de la inflación, volvió el crecimiento, en 1954 era un 10 % superior al de 1952. Sin embargo, en 1954 debían discutirse nuevamente los salarios. Para eso el gobierno convocó a un Congreso Nacional de la Productividad, en el cual esperaba que empresarios y trabajadores pudieran convenir aumentos "controlados", que no reiniciaran una espiral inflacionaria. Las propuestas empresariales y gubernamentales fueron rechazadas por los trabajadores, demostrando que, si bien se trataba de un sindicalismo muy poco autónomo en términos políticos, seguía siendo independiente a la hora de negociar las condiciones económicas conquistadas en los primeros años peronistas.

Política social del peronismo

Sin duda, la creación de una ciudadanía social, en la que los derechos universales al bienestar se agregaban a los derechos políticos, fue el motivo por el cual el peronismo justificó históricamente su existencia. La transformación dispuesta sobre la estructura social, a partir de la acción del Estado, tendría influencias prácticas y repercusiones en el imaginario colectivo, mucho después del derrocamiento del régimen. Un conjunto de manifestaciones concretas de la política social señalarían que se produjo un importante cambio a partir de 1943. Si esa percepción no es mayor, se debe a que la reforma legislativa se ve opacada frente a lo que fue la innovación más original del Estado peronista: el efectivo cumplimiento de las leyes de protección a los trabajadores[87]. El reconocimiento por parte del poder de la existencia de un problema social facilitó los reclamos de los sindicatos que ya no debían recurrir a la justicia esperando ser atendidos. Esta práctica le confería al gobierno la función de unir y formar sindicatos, asumiendo que éstos debían integrarse a la base del Estado. Por otro lado, desde los tiempos de la Secretaría de Trabajo y Previsión, los pedidos de los obreros atomizados que se acercaban a la dependencia pública se reconducían a los sindicatos "leales", lo que producía un aumento en el prestigio de las organizaciones obreras y el incremento del número de leales a Perón.

Esta modalidad de resolución de conflictos a favor de los obreros se concretó en los primeros años del peronismo en el marco de un aumento generalizado de huelgas, que eran resueltas con la intervención del Estado. La práctica se vio acompaña de un discurso que traería derivaciones a posteriori de la caída del peronismo: la instalación de la idea de "derecho" que seguía a las victorias sindicales y los nuevos beneficios obtenidos. En conjunto, las

---

[87] H. del Campo, *Sindicalismo y peronismo. Los comienzos de un vínculo perdurable*, Buenos Aires, FLACSO, 1983.

prácticas y los discursos construyeron una imagen del Estado como garante del bienestar, y no sólo como mediador en el conflicto social. Recordemos que la clase obrera experimentó el fin de la "década infame" como la salida de un mundo de frustración y humillación profunda. Se trataba de una sociedad en la cual la asistencia social tenía el carácter de dádiva y estaba intermediado por el "comité" o la Iglesia. El discurso peronista supo incorporar esas experiencias, en un proceso de recuperación de la autoestima de la clase obrera y de los sectores populares[88].

Más allá de lo discursivo, las políticas del gobierno peronista estuvieron selladas por una presencia estatal en la regulación y promoción de las actividades económicas, corrigiendo en un sentido distributivo el sesgo ya impreso en la década precedente. Así en la política de viviendas, el Estado encaró una acción con el fin de paliar el déficit habitacional. De hecho, el problema era tan serio que el gobierno conservador de Castillo había congelado los alquileres de las propiedades urbanas. El peronismo, por su parte, impulsó una línea de créditos a través del Banco Hipotecario Nacional y el "derecho a la vivienda" se convirtió en un pilar de la política social peronista[89]. El crédito barato fue aprovechado, en su mayoría, por los asalariados. La mayoría fueron empleados públicos, y en menor medida obreros del sector privado. En términos de política legislativa, La Ley de Propiedad Horizontal (1948) habilitó la construcción de edificios de departamentos con distintos titulares, y por ese medio muchos inquilinos se convirtieron en propietarios de las viviendas que alquilaban. Finalmente, también el Estado encaró programas de construcción de viviendas, de los cuales Ciudad Evita y el barrio Los Perales de Mataderos son dos ejemplos significativos. El sueño de la casa propia se concretó gracias al impulso de la administración peronista: el número de viviendas alquiladas en el área metropolitana bajó de 70 % a 42 % entre 1947 y 1960, y los propietarios pasaron de 26,8 % a 58,1 % en el mismo lapso[90].

---

[88] D. James, *Resistencia e integración. El peronismo y la clase trabajadora argentina. 1956-1976*, Buenos Aires, Sudamericana, 1988.

[89] R. Aboy, *Viviendas para el pueblo. Espacio urbano y sociabilidad en el barrio Los Perales. 1946-1966*, Buenos Aires, FCE-Universidad de San Andrés, 2005.

[90] J. C. Torre y E. Pastoriza, "La democratización del bienestar" en Torre, J. C. (coord.), *Nueva Historia Argentina*, Tomo VIII, Buenos Aires, Sudamericana, 2002, p. 286.

A pesar de tener un discurso "universalista", el sistema neocorporativo del peronismo parcializó la ayuda a través de las organizaciones en las cuales los sujetos se insertaban, y mantuvo un acceso diferencial que dependía del nivel de ingresos, el acceso a la información y la capacidad de influencia política. En distintas oportunidades, el gobierno peronista rechazó la posibilidad de constituir un sistema universal de asistencia social, manteniendo la distribución de los beneficios en función de la lógica del mercado. En el caso antes mencionado sobre la política de viviendas, la opción por una estrategia crediticia, aunque subsidiada de distintas maneras, produjo una diferenciación entre aquellos sectores con mayor acceso a la información, o quienes poseían contactos políticos.

Un logro significativo fue la ampliación del sistema de previsión social que se institucionalizó a partir del sistema jubilatorio por cajas, ya que el proyecto de un sistema de jubilación solidario entre distintos niveles de empleados fue resistido por aquellos sectores gremiales que más tenían que perder. En la misma línea, el proyecto del ministro de salud Ramón Carrillo de crear hospitales públicos, a partir de aportes que fluyeran al Estado, fue sustituido por el desarrollo de las obras sociales sindicales, con infraestructura propia, y que reproducían en su seno la lógica de las oportunidades que imponía el mercado laboral. La Fundación Eva Perón, dirigida a aquellos sectores excluidos del mercado laboral, intentó ser un sustituto de este fallido ensayo por construir un sistema de asistencia universal. La Fundación se financiaba con los aportes de empresas y trabajadores, y supuso una importante reorganización del sistemas de beneficencia, que pasó de manos de sociedades privadas vinculadas con un circuito aristocrático y eclesial, a ser parte de la órbita estatal. Los hospitales, junto a los hogares para huérfanos y madres solteras, fueron las principales obras que encaró la Fundación Eva Perón. Su presencia quedó grabada a fuego también por los miles de regalos que, a través del correo, llegaban a todos los niños del país en las fiestas navideñas. Sin embargo, en términos de políticas públicas los planes de la Fundación muchas veces le restaron recursos a las iniciativas instrumentadas por el Ministerio de Salud[91].

La política de recreación del gobierno peronista, que desde lo discursivo ocupaba un eje importante en la conformación de la "Nueva Argentina" y los

---

[91] Ídem, pp. 294-295.

derechos que se asociaban con ella, parece mostrar muchos signos de continuidad con los años precedentes. El modelo aplicado estaría a mitad de camino entre la presencia absoluta del Estado de los totalitarismos y el individualismo de las democracias liberales. Específicamente sobre el turismo popular que se dirigía a zonas que antes eran bastiones "de la oligarquía", como Mar del Plata, el peronismo representó la continuidad de una política iniciada por el gobernador conservador Fresco, que había preparado las condiciones urbanas para el turismo de masas. Por otro lado, la intervención del Estado peronista se producirá, como en otras áreas, sobre una estructura donde la sociedad civil ya tenía bastante experiencia y en un mercado turístico bastante "democratizado". El peronismo no creó, sin embargo, "un esquema de intervención o una coordinación eficiente"[92]. En definitiva, lo que subsistió en el área del turismo social peronista no fue la acción del Estado, que dependía de la buena voluntad o la decreciente capacidad de los funcionarios, sino las obras sociales sindicales, que construyeron una tradición de servicios para sus afiliados y para la recreación de una nueva elite dirigente.

En síntesis, la política social peronista revela signos de continuidad, al poner la lupa sobre las transformaciones operadas en la sociedad –especialmente en el área urbana–, desde los albores de la década de 1930. Es evidente que distintos actores políticos y sociales habían procedido al reconocimiento de la existencia de la cuestión social y bregaban por su inclusión en la agenda del Estado[93]. Incluso la Iglesia católica, que tradicionalmente había sostenido una actitud conservadora sobre el ordenamiento social y había defendido la sacralidad de las jerarquías sociales, revelaba su vertiginosa transformación en los años treinta con la incorporación de la noción de justicia social y el impulso de un Estado promotor.

---

[92] E. Sacarzanella, "El ocio peronista: vacaciones y 'turismo popular' en Argentina (1943-1955)", *Entrepasados*, Nº 14, comienzos de 1998, p. 75.

[93] Luis Alberto Romero ha señalado, en referencia a la política social peronista, que si bien se produjo un incremento de oportunidades para los sectores antes postergados, el modelo que representaban las imágenes típicas de la "Nueva Argentina" no era el de una familia de trabajadores, sino el de la clase media. Es decir, no se habría constituido un modelo cultural alternativo, sino que se habría redistribuido un mismo estilo de vida. Esto no implica negar que la transformación fuera lo suficientemente abrupta como para generar tensiones a partir de los discursos antisistémicos del peronismo. Sin embargo, si bien se criticaba el orden social, se lo respetaba en sus políticas y detrás de la crítica, sería posible apreciar cierta admiración por sus reglas básicas. L. A. Romero, *Breve historia contemporánea de la Argentina*, Buenos Aires, FCE, 1994.

El peronismo, la movilización y el autoritarismo

Como han señalado distintos autores, el peronismo constituyó "verbalmente" a la clase obrera[94]. El carácter movilizador del peronismo se evidencia en sus prácticas discursivas. En sus orígenes, la apelación a la masa obrera se produjo, entre otros motivos, por la dificultad de Perón de proveerse de un apoyo significativo de la clase política. También es cierto que, el respaldo de los trabajadores, crecía paralelo al temor de Perón de quedar prisionero de un solo sector. Un claro ejemplo fueron sus maniobras en favor de los candidatos de la Junta Renovadora frente a los laboristas durante las elecciones de 1946.

Las hipótesis más tradicionales sostenían que la relación entre Perón y la clase obrera estuvo signada por una fuerte heteronomía, un vínculo en el cual, a través de los sindicatos, un transformado universo de trabajadores con poca experiencia urbana, política y sindical, producto de las migraciones internas de la década de 1930, se diluían en una estructura de fuerte corte paternalista[95]. Las caracterizaciones posteriores han hecho hincapié en el sentido racional de la elección de los trabajadores y en la presencia de sectores ya arraigados entre los primeros peronistas y no sólo "nuevos obreros" con patrones de conducta tradicionales. Se ha señalado también que los sindicatos retuvieron, a pesar de su sumisión política, la capacidad para defender los intereses económicos de sus representados.

El primer ciclo de huelgas del período 1946-1949 es un ejemplo de la instrumentalización de la movilización social que el gobierno de Perón realizaba para terminar con el "viejo régimen"[96]. El objetivo del apoyo a esa primera oleada huelguística era, por parte del gobierno, lograr que los sindicatos fueran reconocidos como interlocutores válidos en la negociación por el ingreso. Pasada esta primera etapa, y coincidente con la crisis económica posterior a 1949, las huelgas se volvieron, en los términos del régimen, "anacrónicas".

---

[94] D. James, *Resistencia e integración. El peronismo y la clase trabajadora argentina. 1956 - 1976*, Buenos Aires, Sudamericana, 1988; C. Altamirano, "Ideologías políticas y debate cívico", en J. C. Torre (coord.), *op. cit.*

[95] G. Germani, "El surgimiento del peronismo y los migrantes internos", *Desarrollo Económico*, N° 55, oct-dic. 1974. Véase también M. Murmis y J. C. Portantiero, *Estudios sobre los orígenes del peronismo*, Buenos Aires, Siglo XXI, 1974; J. C. Torre, *La vieja guardia sindical y Perón. Sobre los orígenes del peronismo*, Buenos Aires, Sudamericana/Instituto Di Tella, 1990.

[96] L. Doyon, "La formación del sindicalismo peronista" en J. C. Torre (coord.), *op. cit.*

Se apeló a partir de entonces a un control más exhaustivo de las medidas de fuerza, que fue desalentado, discursiva y prácticamente, desde la cúpula de la CGT (Confederación General del Trabajo). La estructuración del sindicalismo argentino, controlado por el Estado y centralizado en su cúpula, les permitía a los dirigentes más encumbrados cumplir un rol de "policía" entre aquellos miembros "díscolos". Es en este período que la estructura sindical se expande, pero a su vez se centraliza. La incorporación de los trabajadores a la política, que el peronismo promovió a través de la sindicalización, tuvo como contrapartida la estructuración de un esquema *homogeneizante*, donde sólo un sindicato podía ser el representante legalmente reconocido de una rama de trabajadores, y a la vez *vertical*: la CGT adquirió la capacidad de intervenir a sus sindicatos afiliados, incrementando el poder de la cúpula en detrimento de los componentes de la central obrera. A su vez, el Estado se reservó la posibilidad de reconocer o no la personería de un sindicato, pudiendo así mantener al margen de la representación a los sectores no alineados con la política oficial. Se transformaba el papel de los sindicatos: de representar a los trabajadores frente al poder constituido, pasaron a cumplir el rol de representantes del gobierno en el mundo laboral.

La interpelación de Perón se prolongó también al componente católico de la sociedad argentina. Perón convocó, con consignas que apelaban al sentimiento religioso al que respondía un importante sector del electorado, a la promoción de valores contenidos en las enseñanzas de la Iglesia, tanto en política social como educativa. Este discurso se estructuraba en torno de la defensa de las encíclicas papales como programa para la acción social, y la promesa de mantener las horas de religión que había restablecido el gobierno del 4 de de junio de 1943. Sin embargo, Lila Caimari ha señalado que esta apelación al universo católico partía, tal vez, de un original malentendido: la doctrina social era invocada porque, por un lado, no existían muchos discursos sociales disponibles (excluyendo el liberalismo y el comunismo), y por el otro, más que agradar a la cúpula eclesiástica, Perón buscaba tranquilizar a los sectores perjudicados por su acción desde la Secretaría de Trabajo y Previsión. La jerarquía, por su parte, tampoco veía con agrado al nuevo hombre fuerte, pero las opciones, tomando en cuenta los componentes de la Unión Democrática, tampoco abundaban[97].

---

[97] L. Zanatta, *op. cit.*

La reforma constitucional de 1949 tuvo como principal redactor a un destacado intelectual católico, Arturo Sampay, lo que produjo el momento de mayor confluencia entre Perón y la Iglesia, y al mismo tiempo, el inicio de la ruptura entre el gobierno peronista y el mundo católico. Esta ruptura se conecta directamente con la modalidad de movilización del discurso peronista, apelando a la construcción del *otro* como enemigo, al tiempo que se verificaba su negación.

En especial en su segunda presidencia, el peronismo desarrolló una vertiente más autoritaria. A nivel educativo, si bien se introdujo la enseñanza religiosa, fue la prédica progubernamental la que tuvo más peso en el esquema escolar de "la Nueva Argentina" peronista. La recurrencia de imágenes del presidente Perón y Eva, así como los logros de su gobierno –en oposición a las administraciones anteriores– plagaban los manuales escolares[98]. Podría decirse que el peronismo tuvo una aspiración "integral", es decir, intentó convertirse en una "ideología nacional" que ocupara todos los aspectos de la vida y que fuera absorbida por las distintas generaciones desde su más tierna infancia. La formación de la UES (Unión de Estudiantes Secundarios) se alineaba con la idea tan vigente en el primer peronismo de encuadrar a todos los sectores de la sociedad en organizaciones que pudieran peticionar y defender los intereses de sus representados, pero que al mismo tiempo pudieran ser fiscalizadas por el Estado.

El componente autoritario del segundo gobierno peronista podría resumirse en la búsqueda incansable de la reducción a la unidad y en la constante deslegitimación del discurso del otro. Esa práctica discursiva, era, *per se*, una particular forma de movilizar ya que constituía al otro en un enemigo en el que se agrupaban todos los males que conspiraban contra la "Nueva Argentina". Ese discurso en el que el "otro" se convirtió en un traidor y conspirador (englobado en forma genérica como "la oligarquía") se agudizó a partir de 1951-52. Específicamente, el mundo católico fue sumando "agravios" y pasó a formar parte de ese otro, negado por el régimen.

El peronismo justificaba su postura sosteniendo que, dada la profundidad de los cambios en marcha, las libertades públicas en su plena vigencia serían armas que los sectores reaccionarios utilizarían en contra de la revolución. A

---

[98] E. Corbière, *Mamá me mima, Evita me ama. La educación argentina en la encrucijada*, Buenos Aires, Sudamericana, 1999.

pesar de lo que pueda pensarse, esta justificación de la transitoriedad del recorte de las libertades se empalma con la tradición occidental y liberal de la Revolución Francesa, más que con los autoritarismos europeos de la primera posguerra[99]. No hubo en el peronismo, entre otras carencias, un intento por esbozar una doctrina del autoritarismo permanente[100]. A pesar de esta transitoriedad declamada, lo cierto es que durante el régimen peronista se promovieron modificaciones en leyes sensibles al orden democrático, como las disposiciones que reglamentaban el funcionamiento de los partidos políticos y el régimen electoral.

Si hemos marcado una discontinuidad entre la justificación del autoritarismo peronista de otros autoritarismos del siglo XX, también es ineludible señalar que, al igual que otros regimenes autoconvencidos de su misión revolucionaria, el peronismo creía necesario mantener la movilización –basándola en esta premisa de combate al otro– para conjurar el peligro de una burocratización del movimiento. A pesar de sus intenciones, el segundo gobierno de Perón fue víctima de tal síndrome, en tanto el partido oficial se convirtió más en una oficina estatal que en un instrumento para la acción política, y el régimen de selección de cuadros adoptó como criterio casi excluyente el culto a la obsecuencia.

El control de la prensa radial, televisiva y gráfica intentaba cercenar los ámbitos de expresión de la oposición política. La oposición cultural, sin embargo, logró mantener algunos ámbitos que el régimen no consideraba peligrosos. La ausencia de un movimiento cultural alternativo, capaz de reemplazar a los intelectuales consagrados antes de su llegada al poder (mayoritariamente antiperonistas), obligó al peronismo a mantener al margen a la cultura letrada, admitiéndola en tanto fuera públicamente inaudible[101].

La deslegitimación de los partidos políticos confluía con su silenciamiento en los medios masivos y en la restricción al acceso en las cámaras representativas. La reforma electoral de 1951 sirvió para construir una nueva ingeniería en

---

[99] "Con absoluta licencia para que todo el mundo hiciera lo que quisiese, nosotros no hubiéramos podido cumplir nuestro objetivo, y como dije los objetivos son irrenunciables [...] limitamos las libertades en cuanto fue indispensable para la realización de nuestros objetivos". Discurso de Perón frente a los legisladores peronistas (15 de julio de 1955). Citado en J. C. Torre, "Introducción a los años peronistas", en J. C. Torre (coord.), *op. cit.*, p. 72.
[100] Véase al respecto S. Payne, *El fascismo*, Madrid, Alianza, 1982.
[101] S. Sigal, "Intelectuales y peronismo" en J. C. Torre (coord.), *op. cit.*

la que, a través de la redefinición de las circunscripciones, el gobierno se aseguraba la subrepresentación de áreas donde la oposición tenía más peso. Al mismo tiempo, las leyes que reglamentaban el funcionamiento de los partidos buscaban restringir las divisiones competitivas dentro del seno mismo del peronismo, intentando consolidar una estructura más verticalista.

El encuadramiento de la organizaciones sindicales y políticas de su primer gobierno fue seguido por el intento, más audaz, de encuadrar culturalmente a toda la sociedad, incluso aquellas organizaciones tan celosas de su identidad (y con una autorrepresentación particularmente enajenada de los vaivenes políticos), como el Ejército y la Iglesia. Este intento de encuadramiento explica, en buena medida, que el rechazo político de la oposición se haya nutrido de un mayor rechazo cultural de un sector significativo de la población.

La lenta pero sostenida conversión del peronismo en una *religión política* condujo a la negación maximizada de toda legitimidad de intervención de lo *no peronista* en el espacio público. Esa apropiación del espacio público fue paralela a la negación de los "otros" por ocuparlo, y también a la apropiación de los símbolos que conformaban las liturgias tradicionales ligadas con las festividades obreras como el 1º de mayo[102]. Esa apropiación por parte de Perón de símbolos y festividades propios del mundo social implicó un nuevo cruce entre políticas autoritarias (en el ejercicio de la violencia discursiva) y movilización social. Lo que hizo el primer peronismo no fue promover la movilización como medio de reforzamiento político, sino que produjo una resignificación de la movilización obrera, convirtiéndola de episodio de lucha y confrontación entre el capital y el trabajo, en fecha de pacificación y de reconciliación de sectores en torno del líder. De más está decir que esa relación desenvuelta durante la movilización obviaba la presencia de partidos políticos, y como ha señalado Plotkin, se produjo en el marco de un progresivo reemplazo de simbologías partidarias socialistas por emblemas nacionales. Actos como los del primero de mayo pasaron a convertirse en fiestas patrióticas. La sustitución de insignias partidarias reforzaba, por otra parte, el autoritarismo de un régimen que negaba legitimidad a la política como intermediación entre los ciudadanos y el Estado. La mediación corría ahora por parte excluyente del líder.

---

[102] M. B. Plotkin, *Mañana es San Perón. Propaganda, rituales políticos y educación en el régimen peronista*, Buenos Aires, Ariel, 1986.

Tanto el 1º de mayo, como el 17 de octubre aparecen como eventos que a lo largo de los dos primeros gobiernos peronistas sirvieron para deslegitimar simbólicamente al otro y uniformizar un discurso con referente inequívoco. La entrega de "medallas peronistas" en algunos de estos actos, reforzaba la presencia del líder y su criterio y, fundamentalmente, borraba la diferencia entre el partido y el Estado. Ambas lealtades se confundían. Pero también los actos que conmemoraban las acciones heroicas del movimiento peronista en el pasado (un pasado que contenía la carga negativa que sintetizaba la "vieja argentina", injusta, sangrienta y explotadora) y celebraban la pacifica relación feliz del presente, se fueron rutinizando, y también cayeron en la letanía de la burocratización. De buscar la uniformización bajo un mismo discurso, al final del peronismo los actos pasaron a ser rituales de reforzamiento y adoración, más que terrenos donde ejercer una disputa simbólica.

Autoritarismo y movilización confluyen, en el caso del peronismo, en la construcción de un imaginario colectivo en el cual se ha cercenado el lugar simbólico del otro. La praxis política peronista se asentó en principios de legitimidad superpuestos a la tradición liberal, la movilización social y el contacto directo del líder con la masa.

La crisis

En 1954 la economía peronista parecía reencontrar su rumbo, aunque al costo de transformarse de manera profunda. Las relaciones con el sindicalismo se habían enfriado a partir de los pedidos de Perón por acordar con los empresarios en el Congreso Nacional de la Productividad. El discurso nacionalista del peronismo se había mellado con la aceptación de las inversiones extranjeras en el área petrolera. La clase media había sido tradicionalmente hostil al peronismo, y el creciente autoritarismo del régimen no hacía más que agudizar su enajenación. Finalmente, estalló un conflicto de proporciones insólitas con la Iglesia católica.

La Iglesia había optado por el peronismo en 1946. Una pastoral del episcopado que prohibía a sus fieles votar por los partidos que incluyeran en sus plataformas "el divorcio" "la educación laica" o la "separación de la Iglesia y el Estado" era una clara referencia a la prohibición de votar por la Unión Democrática (integrada por el Partido Socialista y el Comunista, que incluían esos puntos en sus plataformas). Sin embargo, la relación entre el peronismo y el catolicismo estuvo lejos de ser idílica. Desde el principio de su mandato, Perón y Eva Duarte practicaron un sutil anticlericalismo: aquel que considera que el verdadero cristianismo está mal representado en las instituciones religiosas. Los peronistas veían en la política social de Perón el "cristianismo en la práctica", el ejercicio directo del mensaje de Jesús. No había motivo para que los católicos no fueran, casi naturalmente, peronistas. Por otro lado, muchos dirigentes peronistas se habían formado en el sindicalismo (socialista, comunista y revolucionario), que arrastraba desde el siglo XIX una vieja tradición anticlerical, que salió a la luz en la crisis de 1954-55.

A lo largo de su gobierno, el peronismo fue construyendo distintos enemigos: ésa era la lógica de su práctica discursiva. En 1954 los católicos se convirtieron en ese "otro" a quien repudiar[103]. En octubre de ese año, durante una reunión con gobernadores, Perón enumeró y acusó a distintos sacerdotes y obispos de "hacer política". Ése fue el puntapié de una agitada campaña anticlerical que recorrió todos los medios de comunicación controlados por el gobierno. A las palabras le siguieron los hechos: antes de fin de año se había cerrado el principal diario católico, *El Pueblo*, eliminado la educación religiosa de las escuelas públicas y se había aprobado una ley de divorcio vincular. A principios de 1955 se sancionó la ley que convocaba a una reforma constitucional para separar a la Iglesia del Estado.

La crisis con la iglesia conmocionó al país y a las Fuerzas Armadas, donde anidaban, desde hacía mucho tiempo, sectores profundamente hostiles al peronismo. Los militares, en su mayoría católicos, se vieron conmovidos por la virulencia de la campaña anticlerical y comenzaron a planear un golpe de Estado. A su vez, la oposición, cuyos canales de expresión e institucionales estaban seriamente cercenados, aprovechó el conflicto para retomar la iniciativa perdida.

En junio de ese año, durante la tradicional procesión de Corpus Christi se produjeron serios incidentes. Manifestantes católicos y opositores apedrearon redacciones de diarios oficialistas y en un confuso hecho, se habría incendiado una bandera argentina. Sin embargo, horas después se supo que la supuesta afrenta al pabellón fue fraguada por la policía por orden del

---

[103] L. Caimari, *Perón y la Iglesia Católica. Religión, Estado y sociedad en la Argentina (1943-1955)*, Buenos Aires, Ariel-Espasa Calpe, 1995.

gobierno, para desprestigiar a los católicos. El 16 de junio un sector de la Marina y la Fuerza Aérea bombardeó la Casa de Gobierno y sus alrededores con el objeto de matar a Perón. Se produjeron 300 muertos y 600 heridos. Sin embargo, el intentó de derrocamiento falló. Esa misma noche distintos grupos de militantes peronistas incendiaron iglesias del centro de la ciudad.

A partir de ese momento, Perón intentó llamar al dialogo: abrió los medios de comunicación a la oposición, pero sus principales dirigentes le exigieron la renuncia. Volviendo a posiciones más intransigentes, en un acto en la Plaza de Mayo el 31 de agosto Perón afirmó que cuando "uno de los nuestros caigan caerán cinco de ellos". Los militares se terminaron de convencer de dar el paso para derrocar a Perón. La insurgencia se inició en Córdoba el 16 de septiembre, al mando del general Lonardi. Perón debió exiliarse en la embajada de Paraguay, iniciando 17 años de exilio. La "Revolución Libertadora", como se autodenominó, había triunfado. La Plaza de Mayo estaba de nuevo llena, y un público fervoroso —mayoritariamente de sectores medios— agitaba sus pañuelos blancos. Las cárceles se llenaban ahora de presos peronistas.

CAPÍTULO VI

1955-1976: sueños, pasiones y fracasos de una sociedad en crisis

José Zanca

A partir de 1955 los gobiernos civiles y militares tuvieron que lidiar con la herencia peronista. La economía había profundizado su industrialización, pero necesitaba inversiones para incrementar la productividad: esto colocó a la participación del capital extranjero y los niveles posibles de ahorro interno en el centro del debate público. Los trabajadores organizados, por su parte, presionaron a los gobiernos para no perder lo conseguido durante los años peronistas. Este accionar y las correspondientes respuestas de empresarios y gobiernos provocó una lucha por la distribución del ingreso que contribuyó al establecimiento de una economía con inflación casi constante. Finalmente, las Fuerzas Armadas contribuyeron a la inestabilidad política al querer tutelar las acciones de los civiles, impidiendo el regreso del peronismo al poder, a través de planteos y por el desplazamiento de los presidentes constitucionales.

La Revolución Argentina a partir de 1966 intentó "reeducar", a través del tiempo y la represión, a una sociedad que parecía obstinada, según sus mentores, en aferrarse a los sueños "populistas". Su más pesada herencia fue exacerbar la violencia política, que se expresaría en el convulsionado regreso del peronismo al poder en 1973.

De la Revolución Libertadora a la Revolución Argentina (1955-1966)

El 16 de septiembre de 1955 el segundo gobierno de Perón era desplazado del poder y en su lugar se instalaba Eduardo Lonardi como presidente. Se trataba de un militar católico y estrechamente vinculado con sectores nacionalistas, que evaluaban al peronismo como una desviación –más que como un error– del programa nacionalizador, anticomunista y paternalista en materia social que había unido a los militares en 1943. De allí que sus primeras medidas de gobierno estuvieran dirigidas a evitar un clima revanchista, aunque sí reconocían que la pasada "dictadura" peronista no podría reeditarse. Lonardi afirmó que luego de la Revolución no había "ni vencedores ni vencidos". Sin embargo, los militares coaligados contra Perón comenzaron a exhibir una división interna: aquellos sectores más liberales pensaban que la herencia del peronismo y su impacto social era tan nefasta que debía ser extirpada a través de métodos similares a los utilizados por los Aliados luego de la Segunda Guerra para "desnazificar" a la sociedad. Los grupos más radicalizados del antiperonismo, encabezados por Pedro E. Aramburu y el almirante Rojas, desplazaron luego de dos meses a Lonardi e instalaron un gobierno de carácter más revanchista que el precedente. Aramburu aspiraba a una "desperonización" de la sociedad, mediante la prohibición de toda la simbología peronista, la intervención de la CGT y el encarcelamiento de los dirigentes que habían participado en el gobierno justicialista. En junio de 1956 un grupo de militares peronistas, dirigidos por el general Juan José Valle, encabezaron una rebelión que fue rápidamente sofocada. A pesar de la rendición de los sublevados, se decretó el fusilamiento de Valle y de sus principales lugartenientes.

La Revolución Libertadora se desplazó en un ambiente de gran inestabilidad: sus acciones intentaban "liberar" distintos ámbitos que habían estado bajo el control del depuesto gobierno peronista. Se tomaron medidas tendientes a liberalizar la economía como la devaluación del peso, pero con ellas lo que se produjo fue un incremento de la inflación. Asimismo, la baja de los precios de los productos de exportación impidió que la modificación cambiaria se tradujera en un aumento de las ventas al exterior.

También se buscó restituir a las universidades a un régimen de autogestión. Las casas de altos estudios, que habían sido tomadas durante los días posteriores al golpe de Estado, fueron intervenidas y "purgadas" de docentes que habían simpatizado con el régimen depuesto. A su vez, un polémico proyecto de reforma del régimen universitario impulsado por el ministro de educación de la Revolución, Atilio Dell'Oro Maini, permitía la creación de universidades privadas, con la capacidad de emitir títulos habilitantes. Este tema –vinculado con la necesidad de "liberar" la educación del monopolio estatal– generó una rápida polémica y oposición por parte de los estudiantes conocida como "laica o libre". Era claro que la posibilidad de crear universidades privadas era una vieja aspiración de la Iglesia católica.

La irrupción del peronismo había generado quiebres en distintas organizaciones sociales y políticas. Las preguntas sobre qué había sido, cuáles eran sus consecuencias y qué se debería hacer con el alto grado de adhesión que, se sospechaba, guardaban los trabajadores respecto de su líder depuesto, laceraban las estructuras partidarias. Tanto las Fuerzas Armadas como los principales partidos políticos sufrieron escisiones después de 1955. Si bien el Partido Socialista, el Partido Demócrata Nacional y la Unión Cívica Radical apoyaron el derrocamiento de Perón, no lograron unificar criterios respecto del régimen depuesto. En su interior surgía sectores que estaban dispuestos a rescatar aspectos positivos del peronismo e incluso a reintegrarlo –aunque no a su líder– a la escena política.

La UCR había adoptado un programa más nacionalista y antiimperialista desde fines de los años cuarenta, con la llegada al poder partidario del MIR (Movimiento de Intransigencia y Renovación). Este grupo de neoyrigoyenistas desplazó de la conducción nacional a los "unionistas" (sectores más liberales y antiperonistas). En 1956 se produjo la escisión del radicalismo. Si bien el argumento expuesto fue una disputa personal entre Balbín y Arturo Frondizi, la división dejaba en claro dos estrategias a seguir respecto del peronismo. Una parte del MIR (alineada con Balbín), los sabattinistas (radicales de Córdoba) y los unionistas formaron la Unión Cívica Radical del Pueblo (UCRP). Los "intransigentes" de Frondizi formaron la Unión Cívica Radical Intransigente (UCRI). La UCRP se alineó rápidamente con el gobierno de la Revolución Libertadora. Los militares preferían que el sucesor cívil surgiera de ese sector de la UCR. En 1957 el gobierno militar impulsó una reforma constitucional, para terminar con la Constitución peronista de 1949. Ésta contenía un importante capítulo de "derechos sociales", y la posibilidad de la reelección presidencial. La idea de las FF. AA. era volver al texto de 1853.

En la elección de constituyentes de 1957 el peronismo fue proscripto por primera vez; la UCRP obtuvo el primer lugar, seguida por la UCRI y partidos menores. El dato importante fue el alto porcentaje de votos en blanco, producto de la orden que Perón emitió desde el exilio para que sus partidarios votaran en ese sentido. Arturo Frondizi consideró que, contando con el apoyo de Perón, no sólo llegaría a la presidencia fácilmente, sino que estaría encabezando una alianza que unificaría a la clase media y la obrera, divididas desde la irrupción del peronismo.

La estrategia de Perón desde el exilio era evitar que lograra consolidarse un sistema político que no lo incluyera. Para ese fin tuvo que pelear tanto contra sus adversarios externos —partidos políticos no peronistas y Fuerzas Armadas— e internos: aquellos sectores que desde adentro del peronismo estaban dispuestos a "dialogar" con los gobiernos de turno, con vistas a la construcción de un "peronismo sin Perón". Por eso impulsó el desarrollo de la "Resistencia Peronista", un movimiento clandestino de sabotaje, tendiente a crear la inestabilidad necesaria para impedir el asentamiento del poder militar. A lo largo de los años sesenta y setenta, Perón iría moviendo sus fichas en la Argentina con el objeto que su figura fuera ineludible a la hora de conformar un orden político estable.

Los militares convocaron a elecciones generales para 1958. La UCRI, a través de sus líderes máximos, logró el apoyo de Perón que convocó a votar por la fórmula Frondizi-Gómez. A cambio, el nuevo gobierno devolvería los sindicatos al peronismo y lo reintegraría a la vida política legal. El triunfo de Frondizi estuvo asegurado por los votos peronistas, aunque fue muy relativo el cumplimiento de su pacto con Perón.

El gobierno de Frondizi tuvo dos grandes objetivos: lograr el "desarrollo" (término que aludía al crecimiento de las grandes industrias de acero, petroquímica, petróleo, maquinarias, automotores) y conseguir la integración gradual del peronismo al sistema político. Frondizi, durante su carrera política, se había mostrado hostil al capital extranjero. Sin embargo, a partir de su llegada al poder consideró indispensable abrir el mercado local a las firmas norteamericanas para profundizar el proceso de industrialización que había iniciado el peronismo, concretando así una "verdadera independencia económica". Fue por ese motivo que retomó, con modificaciones, el proyecto de las concesiones petroleras del peronismo, con la idea de que ellas le permitirían extraer el recurso en el suelo argentino ahorrando ingentes sumas que se gastaban en importaciones[104]. Respecto de la cuestión política, no cabe duda que era pobre la fe del nuevo presidente en el sistema democrático basado en los partidos y en el Parlamento: su confianza se depositaba mucho más en lo que en esos años se denominaba "factores de poder": Fuerzas Armadas, empresarios, sindicatos, Iglesia, etc., relegando la negociación con los partidos políticos tradicionales. Esto explica la política de Frondizi hacia los sindicatos peronistas que fueron reconocidos –aunque andando el tiempo enfrentaría duramente– hacía la iglesia –otorgándole la posibilidad de contar con universidades propias– o con los empresarios, a quienes buscaba seducir a través de políticas favorables a la industria y reorganizando las relaciones laborales heredadas del peronismo.

La política económica "desarrollista" tuvo luces y sombras. Si bien se instalaron empresas extranjeras, los costos sociales de esta rápida transformación se harían sentir en las siguientes décadas. Por un lado, la *trasnacionalización* de la economía argentina a raíz de la transferencia de empresas locales a manos extranjeras, tendría duras consecuencias para los empresarios nacionales. Por otro lado, la modificación de la estructura económica afectó en parte las conquistas sociales obtenidas por los trabajadores durante el período peronista. Una serie de huelgas de gran envergadura intentó impedirlo. En ellas se sumaba la cuestión política: la mayor parte de los trabajadores aspiraba al regreso de Perón. La agitación interna terminó en la aplicación de medidas represivas por parte del gobierno y el Ejército a través del plan Conintes (Conmoción Interna del Estado)[105].

En 1959 el país entró en una de sus tradicionales crisis económicas, con un fuerte ascenso de los niveles de inflación. El gobierno impulsó un plan de estabilización. Se aplicaron políticas de ajuste, basadas en el ahorro interno, en la disminución del empleo y del salario público, y se reprimieron los reclamos de aumento salarial del movimiento obrero, que políticamente

---

[104] El petróleo y sus derivados representaba en 1958 el 28,4 % del total de las importaciones argentinas. Véase R. Aroskind, "El país del desarrollo posible" en D. James (Dir.), *Nueva Historia Argentina. Violencia, proscripción y autoritarismo (1955-1976)*, Tomo IX, Sudamericana, Buenos Aires, 2003.

[105] El Plan Conintes no fue una invención de Frondizi, se trataba del producto de una ley de 1948. Durante el gobierno de Frondizi se aplicó, permitiendo que las Fuerzas Armadas intervinieran en la represión interna. Uno de los casos más importantes fue el desalojo, por parte del Ejército, de los huelguistas del frigorífico Lisandro de la Torre en enero de 1959.

representaba al peronismo. Se produjo un ciclo de huelgas "derrotadas" (bancarios, obreros de la carne, etc.), y como resultado se incorporaron un conjunto de cláusulas "flexibilizadoras" dentro de las empresas.

El impacto de la política frondizista fue rápidamente observado en la economía, logrando incrementar de manera sustancial la inversión extranjera directa, y también obteniendo un significativo aumento de la producción en sus dos últimos años. En cuanto a la política petrolera, favoreció la rápida concresión del autoabastecimiento, que se alcanzó en 1962, lo que significó un importante ahorro de divisas. En la rama automotriz se produjo un exceso de inversiones que resultaron a la postre exageradas para un mercado relativamente chico como el argentino, siendo además un factor negativo sobre la balanza de pagos al importar buena parte de sus componentes. El sector asalariado, que había comenzado mejorando su situación laboral terminó al final del período disminuyendo el poder adquisitivo de sus ingresos, lo que contribuyó a la oleada de huelgas que el gobierno buscó contener con el mencionado Plan Conintes.

La situación nacional se vio fuertemente impactada por la política mundial. A principios de 1959 se produjo un hecho que cambiaría la historia de América Latina e iniciaría, por su importancia, formalmente la "década del sesenta": los guerrilleros del movimiento "26 de Julio" comandados por Fidel Castro tomaron el poder en Cuba, desplazando a la dictadura de Fulgencio Batista. Si bien las primeras medidas no lo indicaban, las diferencias entre el nuevo gobierno de La Habana y los EE.UU. definieron la inclinación de los primeros al socialismo. El intento de invasión de exiliados cubanos a la isla en 1961 terminó de definir la revolución, que declaró su carácter comunista, volcándose a la órbita soviética. Se trataba del primer territorio que salía del redil del capitalismo en Latinoamérica, a quien los Estados Unidos consideraba su área de influencia específica. En el marco de la Guerra Fría, la Revolución Cubana sirvió para que las elites políticas y sociales latinoamericanas renovaran y ampliaran su histeria anticomunista, que empezó a percibirse como una amenaza mucho más real y concreta. Se modificó también el lugar que los ejércitos empezaron a jugar en el continente: los discursos que emanaban de Washington promovieron a las FF.AA. latinoamericanas a un rol de "guardias" y "vigías" de los sistemas políticos. Dado que las "fronteras externas" frente a un ataque directo de la URSS estaban cubiertas por el poderío norteamericano, los militares debían dedicarse a vigilar las "fronteras internas" o ideológicas, tratando de descubrir dónde se escondía ese "enemigo" comunista, que no usaba un uniforme distintivo, sino que se podía ocultar detrás de cualquier figura que planteara la modificación del *statu quo* social. En el caso argentino, muchos actores políticos y sociales comenzaron a temer que la "orfandad" del peronismo hiciera que sus militantes terminaran volcándose hacia opciones radicales como el marxismo.

En 1959, Revolución Cubana mediante, las FF. AA. incrementaron su presión sobre Frondizi: en distintos "planteos" (como se llamaba a los reclamos de los oficiales) lo obligaron a intervenir provincias que se consideraban focos de posibles grupos comunistas, y a romper relaciones con Cuba. El encuentro que mantuvo Frondizi con el líder guerrillero argentino Ernesto "Che" Guevara en 1962 enojó aun más a los militares. La elección de Frondizi había dejado a las Fuerzas Armadas en un problema: sabían que llegaba al poder con los votos de Perón, pero al mismo tiempo debían cumplir con su palabra de devolver el poder a un presidente electo por el pueblo. Coincidente con su plan de "integración", el gobierno de la UCRI habilitó la presentación de candidatos peronistas para las elecciones de gobernadores de 1962. Si bien el oficialismo ganó en muchas provincias, el peronismo se adjudicó las elecciones del distrito más importante, Buenos Aires, donde triunfó un candidato "duro" del peronismo, Andrés Framini. Presionado por los sectores más antiperonistas de las Fuerzas Armadas, Frondizi se vio obligado a impedir la asunción de los nuevos gobernadores e intervenir las provincias donde había triunfado el peronismo. Cuestionado por los militares antiperonistas por sus veleidades con el movimiento proscripto y por los peronistas por la anulación de las elecciones, Frondizi quedó en una situación de gran debilidad. Fue derrocado en marzo de 1962.

Este nuevo golpe de Estado no habilitó la llegada de un militar a la Casa Rosada, sino que con rápidos reflejos, el presidente provisional del senado, José María Guido, asumió la presidencia tratando de mantener algún viso de orden institucional. Sin embargo, se trató de un gobierno "tutelado" de cerca por las FF.AA. Este período de transición entre dos gobiernos civiles electos, el de Frondizi y el de Illia, ha sido caracterizado como liberal en lo económico, conservador en lo político y reaccionario en lo cultural. En el Ministerio de Economía pasaron hombres próximos al liberalismo, con políticas que golperon duramente el bolsillo de los trabajadores, como el pago de sueldos en bonos. Los ministerios de Educación e Interior fueron entregados a sectores de la derecha católica. Una fiebre anticomunista llevó a reprimir toda acción que se considerara subversiva. El Congreso Nacional fue disuelto. El obrero de la UOM, Felipe Vallese, fue torturado y asesinado por la policía de la provincia de Buenos Aires. Grupos de corte nazifascista como Tacuara asolaron la ciudad de Buenos Aires con atentados a instituciones y miembros de la comunidad judía, como el secuestro de la estudiante Graciela Sirota.

Como señalábamos, la pregunta sobre qué hacer con el peronismo había dividido a todas las instituciones de la sociedad. Las Fuerzas Armadas no eran una excepción. En 1962 se enfrentaron dos posiciones: por un lado, quienes se identificarían como "colorados", militares antiperonistas furiosos que aspiraban a instalar un dictadura lo suficientemente extensa como para borrar el recuerdo social del líder depuesto. Por otro lado, los "azules", también antiperonistas, pero que creían que las Fuerzas Armadas no debían comprometerse con los partidos políticos en sus luchas internas, y debía mantenerse la legalidad constitucional y los militares volver a sus funciones específicas. Los "azules", aunque compartían el antiperonismo de sus pares colorados, buscaban preservar a las instituciones armadas de una excesiva politización que habían adquirido las FF.AA. luego de sus intervenciones de 1955 y 1962 y, si bien creían que los militares debían jugar un papel preponderante en la vida política, lo debían hacer con un "proyecto propio", que se colocara por encima de las estructuras políticas partidarias.

Cuando Guido asumió la presidencia, en la cúpula de las Fuerzas Armadas existía un fuerte predominio "colorado". En septiembre de 1962, encabezados por el general Onganía, los "azules" exigieron la renuncia del comandante en jefe del Ejército y del jefe del Estado Mayor. Tras cuatro días de enfrentamientos armados entre ambos grupos, los azules lograron imponerse. El general Onganía fue nombrado jefe del Ejército.

Luego del enfrentamiento militar, el gobierno de Guido planeó una estretegia para reintegrar al peronismo al sistema electoral, sin que esto afectara la relación con las Fuerzas Armadas, y que al mismo tiempo no le entregara al peronismo todo el poder dentro del futuro gobierno. Se planteó entonces la posibilidad de un frente electoral, un Frente Nacional y Popular, integrado por distintos partidos (frondizistas, democristianos, conservadores, etc.) junto a peronistas. Este intento del Ejecutivo por reintegrar al peronismo (aunque fuera a través de un frente) reavivó la oposición de los sectores "colorados" de las Fuerzas Armadas y sus aliados políticos (en especial la UCRP).

En abril de 1963 se produjo un nuevo alzamiento militar con el objetivo de instaurar un dictadura permanente, que se ocupara de perseguir a los grupos "totalitarios" (es decir, peronistas y comunistas), intervenir las universidades y restringir el accionar de los partidos políticos. El pronunciamiento estuvo centrado en unidades navales y en algunas del Ejército. La batalla fue mucho más cruenta que en septiembre. Aunque nuevamente lograron imponerse los azules, el saldo fue de 24 muertos y casi 100 heridos. Luego de este levantamiento, la cúpula militar redujo drásticamente el número de tropas de la Marina.

A pesar de que el grupo azul había triunfado, el peronismo fue nuevamente proscripto y sólo podían presentarse a cargos legislativos. El Partido Justicialista y el sindicalismo respondió a esta medida convocando a sus seguidores a votar masivamente en blanco. La UCRP presentó como candidatos a Arturo Illia-Carlos Perette. También se presentaron Oscar Alende por la UCRI; y el general Aramburu por UDELPA (Unión del Pueblo Argentino). Illia obtuvo la primera minoría, seguido por Alende y Aramburu. No obtuvo mayoría propia para el colegio electoral, pero fue apoyado por otros partidos, lo que permitió que fuera proclamado presidente.

El radicalismo llegó al poder condicionado por el bajo porcentaje de votos obtenidos, el alto registro de los votos en blanco y las presiones de los sindicatos. Los militares "azules" encabezados por Juan Carlos Onganía por su parte recelaban del nuevo mandatario al que veían como un representante de la "vieja política". Illia anuló los contratos petroleros que Frondizi había firmado con las empresas extranjeras, generando reacciones adversas en el gobierno de Estados Unidos. Para ciertos sectores del empresariado nacional, el gobierno aplicaba un "intervencionismo irresponsable", que condicionaba el flujo de capitales hacia el país.

En el terreno económico, Illia impulsó una política de aliento al consumo a través del crédito y los aumentos salariales. Mientras la suba de precios estaba dentro de niveles razonables, la economía creció casi al 10 % en 1964 y 1965. A pesar de esta situación favorable, en 1964 la CGT peronista que atacaba al gobierno por haberse beneficiado de la proscripción de los candidatos peronistas, puso en marcha un "Plan de Lucha" que incluía huelgas, manifestaciones y la toma de fábricas. El gobierno, respetuoso de las garantías constitucionales y consecuente con su política de integración gradual del peronismo, no reprimió ni encarceló a los opositores. Millones de trabajadores participaron en la protesta y se ocuparon más de once mil establecimientos industriales. Pero esta política de moderación debilitó la imagen de Illia frente a los militares y a los sectores más conservadores, que lo consideraron incapaz de mantener el orden.

Una sucesión de hechos políticos negativos fue afectando el gobierno de la UCRP. A fines de 1964 Perón intentó regresar al país. Su vuelo fue detenido en Río de Janeiro y por gestiones diplomáticas, obligado a regresar. En 1965 Illia perdió la primera minoría en el Congreso. Los diputados peronistas pasaron de 17 a 52. La mayor parte eran de origen sindical, capitaneados por el líder metalúrgico Augusto Vandor. La figura del secretario de la todopoderosa UOM crecía cada vez más y a pesar de mostrarse leal al líder exiliado, su política era cada vez más autónoma de los designios de Perón, quien sentía que Vandor quería disputarle el liderazgo del peronismo. Si bien Perón era el líder indiscutido del movimiento, su exilio lo obligaba a recurrir a intermediarios para la acción política; intermediarios que, como Vandor, tenían sus propias ambiciones.

A principios de 1966, los candidatos peronistas obtuvieron una importante cantidad de votos en la elección de gobernador en Mendoza. En ese comicio se hizo patente el alejamiento entre los sindicalistas de Vandor y Perón, dado que cada uno concurrió con su propio candidato. De haberse unido, prácticamente hubieran superado al resto de las fuerzas políticas. Esto alarmó a los militares. Vandor, derrotado, se dio cuenta que en el marco de una democracia con elecciones libres, Perón desde España tenía más poder que él. La figura de Illia aparecía débil e ineficaz frente al sólido liderazgo del peronismo y su conductor.

La crisis del gobierno de Illia fue también producto de una imagen de lentitud e inoperancia que fue difundiéndose desde determinados medios de comunicación, que expresaban algunos sectores sensibles como el empresariado y los militares, y que tenía amplia repercusión social. La industrialización que vivió la Argentina desde los años treinta, y que se profundizó en los cincuenta, fue parte de un proceso más general de modernización social. Nuevas pautas de comportamiento y relación, nuevas oportunidades laborales y de consumo se instalaron en la Argentina. A pesar de no asumir todas sus consecuencias, los argentinos —especialmente una nutrida clase media— deseaban acoplarse a los modelos de progreso e innovación que podían verse en los *magazines* norteamericanos, en donde un estilo de vida consumista, dotado de los últimos avances tecnológicos, se unía a una mayor especialización profesional. Es en esos años que el psicoanálisis tienen un gran desarrollo, así como los métodos "científicos" de interpretar la sociedad, como la sociología estadística. También los militares se profesionalizaron y, de hecho, el jefe del ejército, Juan Carlos Onganía, siempre era retratado como el modelo del militar "profesional". Algunos autores han señalado que este proceso fue creando un "espíritu tecnocrático", es decir, la *eficiencia* se convirtio en un criterio excluyente para medir el comportamiento de todas la instituciones[106]. Para vastos sectores sociales, ineficiencia significaba dilapidación de recursos, derroche de tiempo (por ejemplo, en largos debates parlamentarios), incapacidad de ejecutar las acciones que "necesitaba" el país. Empezó a difundirse la idea que la ineficiencia era inherente al sistema político argentino. Los medios de comunicación y los analistas hablaban de "partidocracia" como sinónimo de un sistema agotado. En una campaña en parte espontánea y en parte orquestada, la prensa caricaturizaba a Illia como una tortuga, símbolo de la lentitud. A esto se sumaba el clima de histeria anticomunista que no hizo más que crecer en los años sesenta. Según la Doctrina de la Seguridad Nacional (DSN), difundida entre los cuadros militares, y promovida por el gobierno de los Estados Unidos, el sistema democrático era débil para enfrentar el peligro de "la infiltración comunista".

Luego del triunfo del candidato de Perón en la elección mendocina, distintos sectores temían que en 1967, en las elecciones para renovar autoridades provinciales, se produjera un masivo triunfo del peronismo. A esto se oponían tanto los militares como los sindicalistas vandoristas, que veían en el regreso de Perón el fin de su propio reinado. Este clima, sumado a la imagen decadente e inmóvil que los medios construyeron de la presidencia de Illia, creó el contexto del golpe de Estado. El 27 de junio los comandantes de la Marina y la Aeronáutica le pidieron la renuncia al presidente, que se negó a dárselas. Las fuerzas del Ejército tomaron posiciones en Buenos Aires y rodearon la Casa de Gobierno. Illia fue obligado a abandonarla y el poder quedó en manos de una Junta Revolucionaria de tres comandantes. Con un importante consenso social, comenzaba la Revolución Argentina.

---

[106] C. Smulovitz, "La eficacia como crítica y utopía. Notas sobre la caída de Illia" en *Desarrollo Económico*, Volumen 33, N° 131, octubre-diciembre de 1993.

José Zanca

Los '60: los años de la Revolución

La década de 1960 fue un período de mutaciones culturales muy profundas. Una de las principales características fue el deseo de cambio social y la búsqueda de mayor autonomía del sujeto respecto de los condicionamientos sociales. Especialmente los jóvenes y las mujeres lograran "liberarse" del yugo familiar, y aspiraron a vivir según sus propias reglas[107]. La ampliación de los estudios universitarios y el crecimiento económico que caracterizó este período en todo el mundo les permitió a los jóvenes crear una cultura propia, caracterizada por una identidad musical que se expresaba en el *rock and roll*, la recuperación del folclore y una forma distintiva de vestirse, llevar el pelo o expresar sus opiniones.

En términos políticos, los años sesenta fueron testigos del nacimiento de una nueva izquierda ¿En que se distinguía de sus antecesoras? La tradición de izquierda en la Argentina se había caracterizado por su hostilidad al nacionalismo, su anticlericalismo y antimilitarismo, se oponía a la lucha armada para conquistar el poder y su interpretación de la historia argentina coincidía con el espíritu liberal y progresista que animó a figuras como Bartolomé Mitre o Julio A. Roca. Es por eso que muchos la han caracterizado como una izquierda liberal. A pesar del rechazo inicial de esos sectores hacia el peronismo, su aparición fue progresivamente modificando las lecturas que la izquierda hacía de la realidad: los trabajadores, que habían sido durante décadas su "objeto de deseo", se marcharon detrás de un militar, aliado a la Iglesia católica y que subordinaba a los sindicatos. Como si eso fuera poco, lo hacía en base a un discurso profundamente nacionalista.

Una nueva generación, desde los años cincuenta, comenzó a reinterpretar el fenómeno peronista. Poco a poco, surgió un ideario de izquierda que compatibilizaba la aspiración al "socialismo" con fuertes tintes nacionalistas. Este hecho era coincidente con el proceso de liberación de las colonias africanas y asiáticas que se produjo en la segunda posguerra, lideradas por movimientos que, a la vez que combatían al "imperialismo", reivindicaban formas socialistas de organización económica. La nueva izquierda era menos antirreligiosa que sus antecesoras del siglo XIX y XX: la Iglesia católica vivió su

---

[107] Véase E. Hobsbawm, *Historia del siglo XX*, Buenos Aires, Crítica, 1998.

propia revolución interna durante el Concilio Vaticano II (1962-1965), asamblea máxima de la catolicidad que buscó adaptarla a los tiempos modernos. Tanto el papa Juan XXIII (1958-1963) como Paulo VI (1963-1978) dictaron una serie de encíclicas y cartas pastorales que estaba en sintonía con el reclamo de los sectores más pobres del Tercer Mundo y que incluso, en muchos párrafos, justificaban cierta violencia "de abajo" cuando fueran insoportables las injusticias operadas por "los de arriba". Estas transformaciones causaron un impacto sin igual entre los católicos latinoamericanos, que dejaron de asociar a la Iglesia con el conservadurismo social y político. Una nueva generación de sacerdotes y laicos católicos reinterpretaron la Biblia, dándole a la pasión de Cristo un sentido revolucionario y antiimperialista. En términos más concretos, muchos católicos se sumaron a la "nueva izquierda" en la Argentina, sintiendo que la tarea "asistencial" que podían realizar en las tradicionales organizaciones eclesiásticas ya no era suficiente y debían transformar las estructuras que generaban la pobreza y la miseria. En 1967 se formó el Movimiento de Sacerdotes para el Tercer Mundo, un conjunto de religiosos que reivindicaban "la opción por los pobres" y planteaban la necesidad de una profunda transformación para la Argentina y para todo el continente. En 1968 la Conferencia Episcopal Latinoamericana (CELAM) en la ciudad de Medellín llegó a conclusiones similares.

La nueva izquierda se nutría, a su vez, de una reinterpretación de la historia nacional, que hacía hincapié en la reivindicación de los caudillos –especialmente a los de la segunda mitad del siglo XIX, como Felipe Varela y Ángel Peñaloza– que se opusieron al avance de la "Argentina liberal", representada en las figuras de "la generación del 80". Autores como John William Cooke, Juan José Hernández Arregui, Jorge Abelardo Ramos, rescribieron la historia argentina en una clave que cruzaba al marxismo con el nacionalismo popular.

Si bien el fenómeno de la nueva izquierda se dio a nivel mundial, en el caso argentino los componentes que enumeramos les permitieron a los jóvenes de los años sesenta reinterpretar el fenómeno peronista y caracterizarlo como un movimiento de liberación nacional y social. Dado que la nueva izquierda no se identificaba con la URSS, sino con las corrientes de liberación del Tercer Mundo, el peronismo era releído como un movimiento que había permitido una primera transformación de la clase obrera, que había tomado conciencia de sus enemigos históricos y que debía completar su destino de transformación aniquilando las estructuras capitalistas. Es por eso que esta generación de jóvenes, mayoritariamente pertenecientes a la clase media, y cuyo padres seguramente había sido antiperonistas, vieron en Perón la figura de un líder que sufría la proscripción política justamente por el carácter revolucionario de su acción durante los años cuarenta y cincuenta. Perón alimentó esta percepción lanzando desde su exilio español señales que indicaban que su concepción política evolucionaba en el mismo sentido, hacia la izquierda del espectro político, intentando que la nueva generación que se sumaba al peronismo en los sesenta siguiera combatiendo por su regreso y relevaran a las más viejas, agrupadas en torno del movimiento sindical que había optado, en muchos casos, por convivir en un sistema político del cual Perón estaba excluido.

La Revolución Argentina (1966-1973)

Juan Carlos Onganía asumió un poder personal, en un esquema de decisiones que excluía a las Fuerzas Armadas. Con un alto grado de mesianismo, su gobierno se proponía, a diferencia de los golpes de Estado previos, "reconfigurar" las concepciones de la sociedad en un plan que incluía tres tiempos: el tiempo *económico*, el *social* y el *político*. Primero debía construirse una "economía sana", eso se lograría siguiendo las recetas que en esos años se denominaban "liberales" —aunque eran más próximas a un desarrollismo autoritario— y que contemplaban, como consigna central, la "racionalización". Esto implicaba el corte de subsidios estatales y la limitación de la estructura de "privilegios" que los trabajadores argentinos habían heredado del peronismo. Se trataba de profundizar el capitalismo incentivando grandes inversiones que implicaban dos medidas muy resistidas por la estructura sindical y el sentido común de los años sesenta: la apertura al capital extranjero y el aumento del ahorro interno, postergando, obviamente, los reclamos de aumentos salariales y mejora de condiciones laborales de los trabajadores. El *tiempo social* implicaría la distribución de los beneficios de una economía saneada y, finalmente, el *tiempo político* llegaría a través de formas de representación no liberal (posiblemente sustituidas por un neocorporativismo autoritario). El plazo para la concreción de estos objetivos, según el mismo Onganía, podría superar los veinte años.

El gobierno de Onganía sabía que su principal foco de resistencia se encontraría en la estructura sindical, liderada por Vandor, pero que ya exhibía claras señales de división interna. Un grupo, denominado "participacionista" se sumó casi sin resistencias a la política gubernamental. Los vandoristas, por su parte, apoyaron inicialmente a la Revolución pero quedaron a la expectativa. Rápidamente el gobierno tomó medidas de racionalización en distintas áreas estatales y privadas, lo que implicó despidos y caducidad de convenios laborales. Como respuesta, muchos sindicatos declararon huelgas y se inició un ciclo de protestas, que encontró a un Estado decidido a reprimirlas a través de la ilegalización de los sindicatos. Frente a esta actitud, el vandorismo decidió convocar a un Plan de Acción que culminaba en una huelga general de 48 horas para principios de 1967, manteniendo la que había sido la actitud del sindicalismo frente a todos los gobiernos, civiles o militares: golpear y presionar, para luego negociar. Sin embargo, Onganía ilegalizó la protesta y amenazó duramente, a través del CONASE (Consejo Nacional de Seguridad) a la CGT. Frente a la embestida, Vandor tuvo que retroceder. Esta derrota del vandorismo en su estrategia sólo profundizó la crisis del sindicalismo. En el Congreso Normalizador de marzo de 1968 la CGT se fracturó en dos, creándose la CGT de los Argentinos –enfrentada a la CGT Azopardo, de Vandor–, liderada por el dirigente gráfico Raimundo Ongaro. Este sector le reclamaba al vandorismo enfrentar con mayor dureza al gobierno de Onganía, y se vinculó con expresiones ideológicas y artísticas contestatarias y revolucionarias. Se proponían como una alternativa a la burocratización del sindicalismo y al espíritu conciliador de los gremios más adictos al poder militar.

La política económica de Onganía, a través de su ministro Krieger Vasena, golpeó también a sectores del empresariado pequeño y mediano del interior del país. Luego de una fuerte devaluación del peso, Krieger Vasena compensó la suba en la ganancia de los exportadores aplicando retenciones a los productos tradicionales, lo que enemistó al gobierno con un sector de los productores rurales. A pesar de las resistencias, el plan económico de la Revolución Argentina parecía dar sus frutos: se produjo un crecimiento económico próximo al 19 % entre 1967 y 1969, en un contexto de inflación controlada. Todo parecía mostrar una economía que se "normalizaba". A pesar de estos buenos resultados lo cierto era que el Plan Krieger Vasena no conseguía hacer desaparecer ciertos bolsones de miseria como el de la provincia de Tucumán (que sufría el cierre de ingenios azucareros). Dentro de la sociedad, especialmente entre los estudiantes universitarios, obreros y sectores medios, se fue afirmando un fuerte sentimiento antiautoritario, inclusive en aquellos que como los trabajadores cordobeses gozaban de ingresos significativos. Entre ellos se destacaban importantes sectores juveniles que postulaban la necesidad de un urgente "cambio de estructuras" coincidentemente con el desarrollo de una oleada de simpatía por las revoluciones a escala mundial.

En el aspecto político y cultural, el gobierno de la Revolución Argentina se caracterizó por su dureza y represión. Las universidades públicas, acusadas por distintos sectores de la derecha política de ser un "nido de comunistas", fueron intervenidas un mes después de la llegada de Onganía al poder. Dada la resistencia de los alumnos y profesores ante el atropello gubernamental, la policía ingresó en algunas de ellas con extrema violencia, en especial en la Facultad de Ciencias Exactas de la UBA, en el luctuoso episodio conocido como la "Noche de los bastones largos". Como producto de la salvaje represión e intervención estatal, un número mayoritario de docentes de altísima calidad renunciaron a sus puestos y, dada la intransigencia estatal, debieron buscar empleos en universidades del exterior, dilapidándose un importante capital científico creado en la década precedente.

A nivel de la moral publica, el gobierno de Onganía mostró su cara más tradicionalista y conservadora. Dentro del régimen se ubicaron un conjunto de militantes del catolicismo conservador y de ultraderecha, antimoderno y reaccionario, que incluso ya perdía peso en el interior del campo católico, que había modificado muchas de sus posiciones después del Concilio Vaticano II. Estos grupos se dedicaron, utilizando el aparato estatal, a perseguir y reprimir las costumbres más trasgresoras de los años sesenta. Artistas vanguardistas, jóvenes de pelo largo, amantes en albergues transitorios o autos en la costanera; revistas, diarios e incluso muchas publicaciones que había apoyado la llegada de un militar "modernizador" como Onganía fueron víctimas de la represión estatal a través de prohibiciones, cierres, clausuras o prisión. Así sucedió con la revista de humor *Tía Vicenta*, la ópera basada en la novela *Bomarzo* de Manuel Mujica Lainez y los periódicos cierres de *cabarets* de la noche porteña.

A pesar de la imagen monolítica que el gobierno mostraba detrás de la figura de Onganía, el grado de cohesión de las Fuerzas Armadas sólo era relativo. En el seno del Ejército se presentaban tres líneas internas: por un lado, quienes apoyaban a Onganía, militares en su mayoría católicos, antiperonistas pero también antiliberales, deseaban reformar el sistema político sustituyendo la representación individual por distintas formas participación neocorporativa, basada en el poder de los municipios, evitando, en todo caso, la reaparición de los partidos políticos. Otro sector, identificado con el liberalismo económico, y en menor medida el político, apoyó el golpe de Estado por su antiperonismo, pero no seguían a Onganía en sus sueños de convertirse en una especie de dictador al estilo de Franco. Aspiraban a encontrar una salida convencional –es decir, respetando la tradición liberal-conservadora de la Constitución de 1853– al problema del peronismo. Finalmente, un sector de militares "nacionalistas" anhelaba reencauzar los vínculos entre Fuerzas Armadas y la sociedad, tratando de reconciliarse con el pueblo –mayoritariamente peronista–, dejando de ser el Ejército de "la oligarquía", como era acusado por los jóvenes peronistas, y convertirse en líderes de un proceso popular de transformación social, similar al que por esos años dirigía el general Velasco Alvarado en Perú. Estas diferencias no se harían patentes hasta la crisis del gobierno de Onganía, que se iniciaría con los dramáticos hechos de 1969.

Ese año, que se había iniciado con buenas perspectivas para el gobierno, parecía significar la aurora del "tiempo social": los frutos del ahorro y la constricción de los sectores populares parecían dar sus frutos y se acercaba el tiempo de repartir –moderadamente– las ganancias. Sin embargo, la combinación de austeridad económica, crisis de las economías regionales, represión política y censura de todo tipo, estallaron en una violenta e inesperada protesta en mayo de ese año. Desde principios de 1969 se habían producido conflictos entre los estudiantes y los interventores de algunas provincias, lo que había derivado en protestas, represión y la muerte de manifestantes. Un reclamo de los trabajadores de mantener la media jornada laboral del sábado, derivó en una protesta masiva de la ciudad de Córdoba –incluyendo muchos sectores de clase media– la toma de algunos barrios y el desborde de la policía. El *Cordobazo*, como se lo conoció, significó la toma de la ciudad por jóvenes, obreros, empleados y simples ciudadanos que expresaron su protesta repeliendo a la policía. El Ejército demoró su ingreso en la ciudad, pero luego de unos días, la situación había sido nuevamente controlada por el gobierno.

Si bien Onganía sobrevivió al *Cordobazo*, su régimen ya estaba herido de muerte. El principal argumento para su llegada al poder –el restablecimiento del orden y la limitación de la política como ámbito de discordia– fue impugnado por una crisis que había hecho su irrupción en la forma más violenta. Un año después, un grupo autodenominado "montoneros" secuestró y ajustició, según sus propios términos, al ex presidente de la Revolución Libertadora, Pedro Eugenio Aramburu. Este hecho disparó una crisis en el esquema de poder gobernante y eyectó a Onganía del gobierno. Se terminaba la experiencia del *onganiato* y se abría la crisis del gobierno de la Revolución Argentina.

Los últimos tres años del gobierno militar se caracterizaron por la crisis económica y política. Las variables que Onganía había logrado controlar, como la inflación, gracias al apoyo de sectores clave del empresariado, se dispararon con su caída. Quien lo sucedería en cargo, Roberto Marcelo Levingston, era un militar con poco poder propio, aunque con grandes aspiraciones a reencauzar la revolución representando al sector "nacionalista" del Ejército. En lugar de las políticas racionalizadotas del *onganiato*, designó como ministro de economía a Aldo Ferrer, quien propugnó medidas mercadointernistas, como el aumento de salarios y el "compre nacional", como un medio para estimular la demanda interna. Sin embargo, el contexto de conflictividad política y la constante escalada de violencia esterilizaron el intento por mantener a flote el proyecto de la Revolución Argentina. Los partidos políticos renacieron en el contexto de la crisis del gobierno militar, y se organizaron en una agrupación suprapartidaria denominada La Hora del Pueblo. Por primera vez en veinticinco años, peronistas y radicales se coaligaban con un mismo objetivo. La Hora del Pueblo exigió elecciones abiertas y democráticas. Puertas adentro, este movimiento implicaba un acuerdo entre las fuerzas mayoritarias para respetar el resultado electoral y las libertades democráticas, fuera quien fuese el que ganara.

Desde principios de la década del '60 se habían formado y desmantelado grupos guerrilleros en distintas zonas rurales de la Argentina. Algunos eran el producto de desprendimientos de los partidos de izquierda tradicional, como las Fuerzas Armadas Revolucionarias (FAR), el Ejército Revolucionario del Pueblo (ERP) y las Fuerzas Armadas de Liberación (FAL). Otras agrupaciones tuvieron su origen en el peronismo o en el cristianismo revolucionario, como las Fuerzas Armadas Peronistas (FAP) y Montoneros. Esta última se convertirá en la agrupación guerrillera más importante, y pasaría a hegemonizar a la Juventud Peronista y otras organizaciones "de superficie" como la

UES, la Juventud Trabajadora Peronista y el Movimiento Villero Peronista. Montoneros vivió su mayor crecimiento a partir de 1971. Sus líderes provenían tanto del catolicismo como del peronismo, y sus enemigos eran las Fuerzas Armadas y la estructura burocrática del peronismo, enquistada en el sindicalismo. Desde su perspectiva el peronismo era una variante de socialismo nacional, que había encarnado los intereses locales enfrentando al capital extranjero. Originalmente la organización fue una expresión de rebeldía en el marco opresivo de la Revolución Argentina. Un sector importante de la sociedad veía en Montoneros un grupo idealista y romántico, que luchaba contra un gobierno ilegítimo y carente de consenso. Sin embargo, a lo largo de la década del setenta –luego de que la mayor parte de las organizaciones armadas se unificaran en Montoneros– este grupo guerrillero se militarizó, creando en su interior una estructura verticalista y autoritaria, demasiado parecida al modelo de sociedad y gobierno que aspiraban a combatir[108].

Un año después de la caída de Onganía, en 1971, caía Levingston, reemplazado por el verdadero poder detrás del trono: el jefe del Ejército, general Agustín Lanusse. La propuesta del nuevo gobierno era dar por terminado el gobierno militar, a través de una salida "honrosa" para las Fuerzas Armadas y aceptable para las fuerzas políticas. La virulencia con la que actuaban distintos grupos armados y organizaciones sindicales clasistas llevaba a Lanusse a buscar un pacto para aislar a los sectores más radicalizados, dialogando con los moderados. Su proyecto fue el conocido GAN (Gran Acuerdo Nacional) a través del cual intentaba dotar a un nuevo presidente de legitimidad electoral y poder, respaldado por las Fuerzas Armadas. No quedaban dudas que Lanusse creía que ese presidente de transición, elegido por una suma de partidos políticos, debía ser él mismo. Sin embargo, Perón no aceptó los términos del pacto que le proponían. En el fondo, tenía motivos para no confiar en los militares. Fracasado el GAN, en 1972 Lanusse procedió a convocar a elecciones generales, pero con una cláusula restrictiva que permitía la participación del peronismo, pero impedía que Perón fuera candidato[109]. A su vez, dispuso que se llevara adelante un *ballotage* o segunda vuelta en caso de que ninguno

---

[108] P. Calveiro, *Política y/o violencia. Una aproximación a la guerrilla de los años 70*, Buenos Aires, Norma, 2005.
[109] La convocatoria a elecciones no permitía que se presentaran como candidatos los ciudadanos argentinos ausentes del país al 25 de agosto de 1972.

de los candidatos lograra el 50 % de los votos. Finalmente, lanzó una amenaza casi personal a Perón, al afirmar que al anciano líder "no le daba el cuero" para volver al país. Desafiando a las Fuerzas Armadas, Perón decidió regresar a la Argentina en noviembre de 1972. Sólo permaneció unos días en suelo argentino, pero se convirtió rápidamente en el centro de todas las miradas. Se entrevistó con Ricardo Balbín y definió la candidatura a presidente de Héctor J. Cámpora para la elecciones de 1973.

La designación de Cámpora, en desmedro de un candidato impulsado por el sector sindical, exhibía el grado de división interna del peronismo: por un lado estaban los sectores juveniles, plegados a Montoneros y sus "organizaciones de superficie"[110]. Estos veían en Perón al líder de una revolución socialista, e impulsaban su regreso con el objetivo que la concretarla. Por otro lado, los sindicalistas, la estructura política que había sobrevivido a la caída de 1955, tenía serios temores a un regreso de Perón: temían perder la hegemonía que ejercían dentro del peronismo desde los años sesenta. Los grupos sindicales, tradicionalmente anticomunistas, consideraban que los jóvenes en que Perón ahora se apoyaba no eran más que "infiltrados". La campaña electoral estuvo signada por estas divisiones y el sector sindical apenas participó. El liderazgo estuvo en manos de los jóvenes que llevaban adelante la candidatura del "tío Cámpora", un paso indispensable para lograr el regreso de Perón y la "patria socialista".

De Cámpora a Videla

Cámpora obtuvo en las elecciones del marzo de 1973 el 49 % de los votos, presentándose como el candidato del FREJULI (Frente Justicialista de Liberación) un acuerdo hegemonizado por el peronismo pero que incluía partidos como el conservadurismo popular, el Movimiento de Integración y Desarrollo (MID), el Partido Popular Cristiano y otros grupos menores. Se impuso a la fórmula de la UCR con la holgura necesaria para que el gobierno militar no pudiera recurrir a una segunda vuelta. Las Fuerzas Armadas se retiraban del poder desprestigiadas, dejando un país lacerado por sus tensiones, que los

---

[110] Las organizaciones de superficie eran aquellas que respondían a las directivas de Montoneros, pero que actuaban a la luz pública.

militares sólo habían logrado profundizar. El gobierno de Cámpora se inició en el clima que marcó su breve existencia: la movilización popular y un estado de gran posibilismo. La misma noche del 25 de mayo, las columnas juveniles fueron a Villa Devoto y, como en una nueva toma de la Bastilla, liberaron a los presos que la dictadura había acumulado en sus calabozos.

La consigna de la campaña electoral del FEJULI había sido "Cámpora al gobierno, Perón al poder". ¿Cuál era el proyecto de Perón en los años setenta? Así como en sus primeras presidencias había apostado a un modelo homogeneizante y autoritario en lo ideológico, su lectura de la Europa de posguerra lo había cambiado. En términos políticos Perón impulsó un acuerdo con el resto de las fuerzas opositoras, en especial con el radicalismo, para garantizar la estabilidad y la continuidad institucional. En términos económicos, llevó adelante el denominado Pacto Social, suscripto por los empresarios agrupados en la CGE (Confederación General Económica) y los trabajadores en la CGT. El pacto suponía un acuerdo sobre precios y salarios que debía renovarse cada dos años. Como ministro de Economía, Cámpora colocó al líder de la CGE, José Ber Gelbard. Este plan consiguió resultados notables al elevar el salario real y contener las presiones inflacionarias mediante precios administrados y retrasos en las tarifas públicas y dólar.

Sin embargo, el proyecto de Perón, tanto de recomponer relaciones con las fuerzas no peronistas como de profundizar el acuerdo entre sindicatos y empresarios, fracasaría por disidencias que se originaban, paradójicamente, en el seno mismo del partido gobernante. En el aspecto político, serían las tensiones entre la derecha y la izquierda peronista las que cruzarían todo el período 1973-1976. En cuanto a la economía, la puja distributiva y política luego de la muerte de Perón en julio de 1974 sellaría la caída del Pacto Social[111].

Con la llegada del gobierno de Cámpora la izquierda peronista ocupó importantes cargos en el Poder Ejecutivo y en el Congreso Nacional. La revolución, ese *sueño*, parecía al alcance de la mano a través de las acciones que en forma cotidiana iban "liberando" a la estructura social de mil formas distintas de opresión. El *poder popular* se ejercía, en esos días, de la forma más directa y concreta: toma de escuelas y de universidades, huelgas y manifestaciones, toma de fábricas y asambleas. Sin embargo, el regreso definitivo de Perón al

---

[111] M. J. Valdez, "El tercer gobierno peronista. 1973-1976", en P. Dobaño y M. Lewkowicz, *Cuatro décadas de historia argentina*, Buenos Aires, Proyecto Editorial, 2004.

país el 20 de junio de 1973 marcaría el fin de la "primavera camporista". Un plan orquestado desde sectores sindicales y de ultraderecha convirtieron la fiesta de recepción en un ataque generalizado contra las columnas juveniles y de Montoneros. La "masacre de Ezeiza", con un importante número de víctimas fatales, marcó el fin del gobierno de Cámpora y la salida a la luz pública, en la forma más descarnada, del enfrentamiento interno del peronismo.

Quien sucedería a Cámpora sería Raúl Lastiri, un hombre de la derecha peronista que empezaba a agruparse en torno de la figura de Isabel Perón (tercera esposa del general) y José López Rega, un oscuro personaje que había cumplido el rol de secretario en la corte que el ex presidente tenía en España. A éstos se sumaban los viejos dirigentes sindicales peronistas, horrorizados por el avance de los Montoneros dentro de la estructura estatal y del sindicalismo clasista dentro del movimiento obrero. Lastiri convocó a nuevas elecciones, y Perón se presentó acompañado por su esposa.

La formula Perón-Perón cosechó el 62 % de los votos, con lo cual llegaba al poder con un amplio consenso. La política de Perón, tendiente a disciplinar a su partido, y en especial a los díscolos militantes de izquierda, empezó a ponerse en evidencia con medidas represivas como las modificaciones al Código Penal que permitía reprimir todo movimiento considerado subversivo, incluso huelgas "ilegales". A su vez, Perón puso en evidencia que volvería a apoyarse en la vieja estructura sindical, con la que, a pesar de sus rencillas durante el exilio, parecía entenderse mejor que con los jóvenes que le reclamaban cumplir con la promesa de un "socialismo nacional". La modificación de la Ley de Asociaciones Profesionales de 1973 le otorgó a la burocracia sindical un amplio poder de control sobre sus bases, impidiendo los sindicatos por fábrica, y reprimiendo toda forma de disidencia interna.

Se completaba así un viraje a la derecha del gobierno, todavía en vida de Perón, que dejaba descolocado a Montoneros. La relación entre el viejo líder y los jóvenes se fue deteriorando, mucho más cuando la organización asesinó al líder cegetista José Ignacio Rucci, con quien Perón tenía un vínculo personal. La ruptura definitiva se produciría en el acto del 1º de mayo de 1974, cuando Perón en su discurso llamaría "imberbes" a las columnas de Montoneros que ocupaban una parte de la Plaza de Mayo, lo que produciría su retiro de la escena. Perón, que había construido su liderazgo en la escenificación del diálogo con el pueblo se quedaba, aun simbólicamente, sin una parte de sus interlocutores. Algunos meses después moría, el 1º de julio de 1974, dejando al movimiento que había creado, y a la sociedad que lo había elegido, sumergidos en una profunda crisis.

Isabel Perón asumió la presidencia en el marco de la crisis política y económica. Los jugadores del tablero del poder más significativos se encontraban en el mismo seno del partido gobernante: por un lado los sectores que rodeaban a la presidenta, López Rega y la ultraderecha. Estos últimos crearon, desde el Ministerio de Bienestar Social –que comandaba López Rega– una organización parapolicial denominada Triple A (Alianza Anticomunista Argentina) dedicada a amenazar y asesinar dirigentes sindicales, artistas, abogados y dirigentes políticos acusados de izquierdistas. Por otro lado, Montoneros desconoció el carácter peronista del gobierno de Isabel y retomó la lucha armada, pasando a la clandestinidad en septiembre de 1974. Finalmente el sindicalismo, si bien respaldaba al gobierno de Isabel, en especial en su enfrentamiento con la izquierda peronista, tenía sus propios intereses y deseos de controlar la estructura estatal. La muerte de Perón significó la liquidación final de la disidencia gremial y la persecución sin tregua, por parte de los paramilitares de la Triple A y de las fuerzas de seguridad con carta blanca, de todos aquellos sectores identificados con el camporismo, la izquierda, los sectores juveniles revolucionarios o Montoneros.

El gobierno de Isabel comenzó a girar entonces hacia una recomposición de sus apoyos. Para no quedar atrapado por el poder de los sindicatos, buscó granjearse el sustento del Ejército y permitió la intervención de las Fuerzas Armadas en la represión de la "subversión" interna. El Operativo Independencia se inició en 1975 y buscaba destruir al ERP, que controlaba distintas regiones de la provincia de Tucumán.

Por otra parte, en el terreno económico el gobierno buscó desandar el camino iniciado por Gelbard. Para ello nombró a Celestino Rodrigo como ministro de Economía, quien en vista a los desequilibrios que se venían manifestando entre los precios decidió un aumento de tarifas e impuestos, junto con una devaluación del 100 % –en un paquete de medidas conocido como *rodrigazo*– que buscaba hacer bajar el déficit fiscal y contener la inflación a través de un severo ajuste de la capacidad adquisitiva de la población. Los sindicatos, sin embargo, resistieron. En julio de 1975 declararon la primera huelga general a un gobierno peronista, y lograron el desplazamiento de Celestino Rodrigo y de López Rega, con lo cual golpearon en las proximidades de la presidenta.

La descomposición final del gobierno de Isabel Perón se produjo en los últimos meses de 1975 y los primeros de 1976. La situación económica, con altísimos niveles de inflación, aislaban cada día más al gobierno de la sociedad. La violencia política que se libraba entre los mismos miembros del partido gobernante dejaba atónita a una población que, encerrada en su temor, se iba aislando de la esfera pública. Las Fuerzas Armadas, que tres años antes se habían retirado repudiadas, volvían a aparecer en el horizonte político. El 24 de marzo de 1976 Isabel Martínez fue derrocada por los jefes de las tres fuerzas. Jorge Rafael Videla asumía la presidencia en nombre de la Junta Militar. La experiencia democrática, que había surgido como una esperanza en 1973, se cerraba en su noche más espesa.

Bibliografía general

Aboy, R. *Viviendas para el pueblo. Espacio urbano y sociabilidad en el barrio Los Perales. 1946-1966*, Buenos Aires, FCE-Universidad de San Andrés, 2005.

Baily, S. *Movimiento obrero, nacionalismo y política en la Argentina*, Buenos Aires, Paidós, 1984.

Barrán, J. P. *Historia de la sensibilidad en el Uruguay*, tomo I. Montevideo, Ediciones de la Banda Oriental, Facultad de Humanidades y Ciencias. 1989

Bonaudo, M. *Liberalismo, Estado y orden burgués*, Buenos Aires, Sudamericana, 2000, pp. 359-360.

Botana, N. R. *El orden conservador. La política argentina entre 1880 y 1916*, Buenos Aires, Sudamericana, 1977.

Botana, N. *El siglo de la libertad y el miedo*, Buenos Aires, Sudamericana, 1998.

Botana N. R. y Gallo, E. *De la República posible a la República verdadera (1880-1910)*, Buenos Aires, Ariel, 1997.

Brauner Rodgers, S. "El nacionalismo yrigoyenista (1930-43)", en *EIAL*, Vol. 1, N° 2, julio-diciembre 1990.

Caimari, L. *Perón y la Iglesia Católica. Religión, Estado y Sociedad en la Argentina (1943-1955)*, Buenos Aires, Ariel -Espasa Calpe, 1995.

Calveiro, P. *Política y/o violencia. Una aproximación a la guerrilla de los años 70*, Buenos Aires, Norma, 2005.

Carbonetti, A. y Boixadós, C. *Problemas de salud y enfermedad en el discurso médico estatal en la ciudad de Córdoba a fines del siglo XIX*, mimeo.

Corbière, E. *Mamá me mima, Evita me ama. La educación argentina en la encrucijada*, Buenos Aires, Sudamericana, 1999.

Del Campo, H. *Sindicalismo y peronismo: los comienzos de un vínculo perdurable*, CLACSO, Buenos Aires, 1983.

Devoto, F. J. *Movimientos migratorios: historiografía y problemas*, Buenos Aires, CEAL, 1992.

Devoto, F. *Historia de la inmigración en la Argentina*, Buenos Aires, Sudamericana, 2003.

Devoto F. y Madero M. (comps.) *Historia de la vida privada en la Argentina. La Argentina entre multitudes y soledades. De los años treinta a la actualidad*, Taurus, Buenos Aires, 2000

Diaz Alejandro, C. F. *Ensayos sobre la historia económica argentina*, Buenos Aires, Amorrortu, 1983.

Dobaño P. y Lewkowicz, M. *Cuatro décadas de historia argentina*, Buenos Aires, Proyecto Editorial, 2004.

Dorfman, A. *Historia de la industria en la Argentina,* Buenos Aires, Hyspamerica, 1970.

Falcón, R. *El mundo del trabajo urbano (1890-1914)*, Buenos Aires, CEAL, 1986.

Ferrari G. y Gallo E. (comps.). *La Argentina del Ochenta al Centenario*, Buenos Aires, Sudamericana, 1980.

Ferrer, A. *Crisis y alternativas de la política económica argentina*, Buenos Aires, FCE, 1977.

García Sebastiani, M. *Los antiperonistas en la Argentina peronista. Radicales y socialistas en la política argentina entre 1943 y 1951*, Buenos Aires, Prometeo, 2005.

Germani, G. "El surgimiento del peronismo y los migrantes internos", *Desarrollo Económico*, N° 55, oct-dic. 1974.

Halperín Donghi, T. "¿Para qué la inmigración?", en *El espejo de la historia. Problemas argentinos y perspectivas latinoamericanas*, Buenos Aires, Sudamericana, 1987.

Hobsbawn, E. *Historia del siglo XX (1914-1991)*, Crítica, Barcelona, 1995.

Hora, R. *Los terratenientes de la pampa argentina. Una historia social y política, 1860-1945*, Buenos Aires, Siglo Veintiuno, 2002.

James, D. *Resistencia e integración. El peronismo y la clase trabajadora argentina. 1956-1976*, Buenos Aires, Sudamericana, 1988.

James D. (dir.), *Nueva Historia Argentina. Violencia, proscripción y autoritarismo (1955-1976)*, tomo IX, Buenos Aires, Sudamericana, 2003.

Jorge, E. *Industria y concentración económica, desde principios de siglo hasta el peronismo*, Buenos Aires, Hyspamerica, 1986.

Kindleberger, Ch. *La crisis económica 1929-1939*, Critica, Barcelona.

Korn F. y Romero L. A. (Comps.), *Buenos Aires/Entreguerras. La callada transformación, 1914-1945*, Buenos Aires, Alianza, 2006

Llach, J. L. (comp.), *La Argentina que no fue*, IDES, Buenos Aires, 1985.

Lobato M. Z. (dir.), *El progreso, la modernización y sus límites (1880-1916). Nueva Historia Argentina*, t. 5, Buenos Aires, Sudamericana, 2000.

Macor D. y Tcach, C. *La invención del peronismo en el interior del país*, Santa fe, UNL, 2003.

Mc Gee Deutsch, S. *Contrarrevolución en la Argentina, 1900-1932*, Bernal Universidad Nacional de Quilmes, 2003.

Mansilla, L. *Una excursión a los indios ranqueles*, Buenos Aires, CEAL, 1980.

Massé, G. *Reinterpretación del fenómeno migratorio y su incidencia en la conformación sociodemográfica de la ciudad de Buenos Aires a mediados del s. XIX*. Tesis de maestría en Demografía Social, Universidad Nacional de Luján. 1992.

Mazzeo, V. *Mortalidad infantil en la ciudad de Buenos Aires 1856-1986. Análisis histórico de su comportamiento y de su inserción en el desarrollo económico de la ciudad*. Tesis de maestría en Demografía Social, Universidad Nacional de Luján, 1990.

Murmis M. y Portantiero, J. C. *Estudios sobre los orígenes del peronismo*, Buenos Aires, Siglo XXI, 1974.

J. Torre, *La vieja guardia sindical y Perón. Sobre los orígenes del peronismo*, Buenos Aires, Sudamericana/Instituto Di Tella, 1990.

O'Connell, A. "La Argentina en la Depresión: los problemas de una economía abierta", *Desarrollo Económico,* 92, ene-mar. 1984.

Oszlak, O. *La formación del Estado argentino*, Buenos Aires, Editorial de Belgrano, 1985.

Parra, G. "Antimodernidad y trabajo social. Orígenes y expansión del trabajo social argentino", Departamento de Ciencias Sociales, Universidad Nacional de Luján, 1999.

Payne, S. *El fascismo*, Madrid, Alianza, 1982.

Plotkin, M. B. *Mañana es San Perón. Propaganda, rituales políticos y educación en el régimen peronista*, Buenos Aires, Ariel, 1986.

Potash, R. *El ejército y la política en la Argentina (I). 1928-1945. De Yrigoyen a Perón*, Buenos Aires, Hyspamerica, 1969.

Regalsky, A. M. *Las inversiones extranjeras en la Argentina (1860-1914)*, Buenos Aires, CEAL, 1986.

Romero, L. A. *Breve historia contemporánea de la Argentina*, Fondo de Cultura Económica, 2002.

Rein, R. *In the Shadow of Perón. Juan Atilio Bramuglia and the Second Line of Argentina's Populist Movement*, Stanford, Stanford University Press, 2008. (Existe versión en español.)

Romero L. A. y Gutiérrez L., *Sectores populares, cultura y política*, Buenos Aires, Sudamericana, 1995

Sacarzanella, E. "El ocio peronista: vacaciones y 'turismo popular' en Argentina (1943-1955)", *Entrepasados*, N° 14, comienzos de 1998, p. 75.

Senkman, L. "Nacionalismo e inmigración: la cuestion étnica en las elites liberales e intelectuales argentinas: 1919-1940", en *EIAL*, volumen 1, N° 1, enero-junio 1990.

SMULOVITZ, C. "La eficacia como crítica y utopía. Notas sobre la caída de Illia", en *Desarrollo Económico*, volumen 33, N° 131, octubre-diciembre de 1993.

SOLBERG, K. *Petróleo y nacionalismo en la Argentina*, Buenos Aires Hyspamérica, 1982.

TORRE J. C. (dir.), *Nueva Historia Argentina. Los años peronistas (1943-1955)*, tomo VIII, Sudamericana, Buenos Aires, 2002.

TORRES, H. "El mapa social de Buenos Aires en 1943, 1947 y 1960. Buenos Aires y los modelos urbanos", en *Desarrollo Económico*, V. 18, N° 70, julio-setiembre 1978.

VILLANUEVA, J. "El origen de la industrialización argentina", en *Desarrollo Económico*, 47, oct-dic. 1972.

ZANATTA, L. *Del Estado liberal a la nación católica. Iglesia y ejército en los orígenes del peronismo. 1930-1943*, Buenos Aires, Universidad Nacional de Quilmes, 1996.

ZANATTA, L. *Perón y el mito de la nación católica*, Buenos Aires, Sudamericana, 1999.

Made in the USA
Columbia, SC
09 December 2024